國方栄二
Eiji Kunikata

哲人たちの人生談義

ストア哲学をよむ

岩波新書
1935

目　次

序　章　幸福問答 …… 1
敬遠された「幸福論」／ソロンとクロイソスの幸福問答／アリストテレスの批判／もうひとつの幸福問答／カントの批判／幸福論を再考する

第一章　新時代のための哲学――インペリウムの下で …… 27
哲学とは何であったか／哲学嫌い／ピタゴラスの比喩／ポリス時代の哲学／ポリスの崩壊／ストア派／エピクロスの園／ローマへ／キケロの格闘／ローマ時代のストア派／エピクロス以後

第二章　自然に従って生きる――自足する心 …… 57
アウタルケイア／自然に従って生きる／徳とは何か／理性の役割／適切な行

為／エピクロス派のアウタルケイア／エピクロスの現実主義

第三章　自由に至る道を探す——意志と自由……87
強さをどこに見出すか／無常観／カルペー・ディエム／ニール・アドミラーリー／われわれの力の及ぶものと及ばないもの／アリストテレスの説明／精神の自由／意志／心像との戦い／ストア哲学批判

第四章　必然の呪縛を逃れる——運命と摂理……119
運命論／必然の呪縛を切る——原子の逸れ（クリナメン）／永劫回帰の思想／運命とは？／運命と自由／必然の呪縛を逃れる——犬と円筒の比喩／セネカの関心／エピクテトスの場合／人生の舞台に立つ役者／運命に委ねるとは？

第五章　情念の暴走を抑える——理性と情念……149
ストア派の知性主義／怒りについて／賢者も時には怒る／プルタルコスの『怒りを抑えることについて』／メディアの怒り／情念をコントロールする／

精神の城砦を築け

第六章　失ってはならぬもの――人格と尊厳……175
死の倫理／エウタナシア／ブタは殺さない／ソクラテスの自殺否定論／ストア派の自殺論？／エウロゴス・エクサゴーゲー／人格主義として／安楽死と古代の自殺論

終　章　哲人たちの人生談義……199
心の豊かさを求める／中間的なものの存在位置／人生の意味／ストア哲学から学ぶ？

あとがき……215
参考文献一覧……217

キア
黒海
ヘラクレイア
ビュザンティオン
ボスポロス海峡
プロポンティス海
サモトラケ
ヘレスポントス海峡
レムノス
トロイア
イダ山
アッソス
ミュシア
ペルシア
プリュギア
レスボス
ペルガモン
エーゲ海
サルディス
リュディア
キオス
イオニア
テオス
コロポン
エペソス
ヒエラポリス
アプロディシアス
サモス
アンドロス
ミレトス
カリア
リュキア
オイノアンダ
キュクラデス諸島
デロス
ナクソス
レロス
コス
スポラデス諸島
パロス
テラ
ロドス
クレテ

トラ
アブデラ
マケドニア
カルキディケ
スタゲイラ
オリュントス
タソス
オリュンポス山
ラリッサ
マグネシア
テッサリア
エペイロス
コルキュラ
ニコポリス
エウボイア
カイロネイア
カルキス
ボイオティア
デルポイ
ヘリコン山
レウカス
テバイ
オロポス
メガラ
アテナイ
イオニア海
アカイア
コリントス
ケオス
ケパレニア
エリス
サラミス
プレイウス
アイギナ
ザキュントス
アルゴス
オリュンピア
アルカディア
メッセニア
スパルタ
ラコニア
ペロポネソス半島

序章　幸福問答

火刑に処せられようとするクロイソス
アンポラ，アッティカ赤絵(前 500 年頃)

敬遠された「幸福論」

哲学者が幸福について語らなくなって久しい。巷《ちまた》には幸福になるための自己啓発本が溢れかえっているが、現今の哲学者は概して幸福論を語りたがらない。三木清は『人生論ノート』の中で、

今日の人間は幸福について殆《ほとん》ど考えないようである。試みに近年現れた倫理学書、とりわけ我が国で書かれた倫理の本を開いて見たまえ。只《ただ》の一個所も幸福の問題を取扱っていない書物を発見することは諸君にとって甚《はなは》だ容易であろう。（「幸福について」）

と書いている。三木がこの文章を書いたのは昭和一三年（一九三八）頃であるが、今の哲学界もそれほど変わっていない。それがなぜなのかについては考えるべき理由があるだろう。しかし、現代のこのような傾向とは対照的に、古代の哲人たちは人生談義を幸福論から始めることが多かった。

人はなぜ哲学をするのか？　それは幸福を求めるからである。けれども、幸福とはいったい何であるのか。それは生活を離れてはありえないが、ただ生きているというだけでは、幸福とは言えないだろう。ソクラテス（前四六九～三九九）はただ生きるというだけでなく、「よく生きる」（プラトン『クリトン』48B）ことが大切だと説いたが、その「よさ（善）」とは具体的には何を表すのか。普通には、「いい暮らしをする」ことが幸福だとも考えられる。生活が安定すると、私たちは単なる生存以上のものを求める。豊かさは生活の向上を測る基準となるだろう。今日では、私たちが満ち足りた生活を送るための条件は、かつてないほど整っていると言える。

けれども、私たちの生活が豊かになればなるほど、それに比例して私たちが幸福であるとは言えないようである。一昔前に比べて、生活のための条件は格段によくなっているが、その分だけ幸福感が増したわけではない。かえって、昔の不自由な生活に憧れを感じることもある。毎日、かなり正確な時刻に到着する電車に乗ることができる。家に居ながら、決まった時間に食材や料理が届く。しかし、私たちはそのような便利な都会の生活に飽き飽きして、田舎に暮らして、不便でも生きていると実感できる生活を送ってみたいと考えたりもする。便利さや効率のよさが幸福の尺度であるとしたら、これは奇妙な現象である。昔の哲人たちは、そうした生活の条件を「外的なもの」と呼んで、それらがあるから幸福であるわけではないと語っていた。

幸福の追求は過去の多くの哲学の出発点であった。哲学が誕生したギリシアにおいても、それがローマに移入された後も、古代の哲人たちは、人がいかにして幸福であることができるかを模索してきたのである。私たちも古代の哲人たちにならって、幸福にまつわる人生談義に耳を傾けてみよう。

ギリシアの哲学者のひとりであるアリストテレス(前三八四〜三二二)が著した『ニコマコス倫理学』の冒頭は、

すべての技術、すべての研究は、同様に行為も選択も、なんらかの善を目指してきたように思われる。(第一巻第一章)

という言葉で始まる。ただし、ここで「善」と訳した古代ギリシア語「アガトン」は、「なにか善いことをする」というような道徳的な意味での善よりは、自分にとってなにか益となること、得になることを意味する。したがって、有益性とか有用性とか言ったほうが意味は近い。

プラトン(前四二七〜三四七)は対話篇の『国家』(第二巻 358B 以下)において、登場人物のソクラテスに、「正しいこと」というのは、「やむをえないこと」「しぶしぶ人がすること」ではなく、そうすることがその人にとって「善いこと」でもあることを論証させている。これは「正しいこと」がその人の得になるという意味で「善いこと」でもある、ということである。正がすなわち善であることの論証は、『国家』の議論の主題であると言ってよいが、これは逆に言えば、両者はもともと別の概念だということである。

アリストテレスに話を戻すと、すべての技術や研究は、また行為や選択が目指している善は、一般的な言い方では「幸福(エウダイモニア)」と呼ばれている。あるいは「よく生きる(エウ・ゼーン)」とか「よくやっている(エウ・プラッテイン)」とか言い換えられるが、その意味するところは変わらない。このように名称においては人びとの意見は一致しているが、さてそれでは「幸福とは何であるか」という段になってはじめて、その見解が違ってくるとアリストテレスは述べている(『ニコマコス倫理学』第一巻第四章)。そこで、私たちもアリストテレスの流儀に従って「幸福とは何か」について考えることから始めてみたい。

最初に、ヘロドトス(前四八四頃~四二五頃の)『歴史』のよく知られた幸福問答からとりあげる。

ソロンとクロイソスの幸福問答

前五四六年に小アジア(現在のトルコ)のアナトリア地方で一大事件が発生する。隆盛を誇った国家リュディアの首都サルディスが、ペルシアのキュロス大王に攻囲され、陥落したのである。

事の経緯はヘロドトスの『歴史』第一巻に詳しいが、リュディア王のクロイソスは一四年間の統治の後、一四日にわたるペルシア軍の攻撃にさらされ、ついに捕縛される。そして、おそらく見せしめのためであろうか、薪《まき》の上に登らされ、あわや火あぶりの刑に処せられようとしていた。

クロイソスは薪の上に立つと、これほどの災厄の中にありながら、ソロンのあの言葉は神の加護によって語られたのだという思いがよぎった。すなわち、「生きている人間のだれひとりとして幸福であるものはない」という言葉であった。そう思い至ると長い沈黙を破って、深くため息をつき、涙にくれながら、ソロンの名を三度までも叫んだ。

(ヘロドトス『歴史』第一巻86)

不審に思ったペルシア王キュロスが、通訳を介して尋ねると、クロイソスはアテナイ(アテネ)から自分のもとにやって来たソロンとの一連の問答を語り出す。その話に心うたれたキュロスは助命しようとするが、火はすでに点じられ、手の施しようがなかった。その時、クロイソスが天に向かってアポロン神に祈ると、にわかに雨が降り出して火は消えてしまったという。

ソロン(前六三〇頃〜五六〇頃)はギリシア七賢人のひとりで、政治家、立法家としてよく知られた人物である。このソロンの言葉というのは、この戦争の前に二人の間で交わされた幸福に関する問答においてソロンが王に語ったとされるものである。ソロンはサルディス陥落のかなり前に死亡しているから、両者が対面していない可能性もあるが、この話は哲学史家ディオゲネス・ラエルティオス(『ギリシア哲学者列伝』第一巻50-51)をはじめ、数多くの人が報告しており、古代世界ではとりわけよく知られたエピソードだったと言えるだろう。

ヘロドトスやプルタルコス(後四六〜一一九以降)が伝えているところによると、ソロンはある時に外遊の旅に出て、エジプトを訪れ、ついでリュディア王国のクロイソスのもとにも姿を現した。王国の都であるサルディスにやって来たソロンは王から歓待を受け、宝物殿の豪華な財宝もみせてもらった。その上で、頃合いを見計らって王はソロンにこう尋ねたという。

アテナイの客人よ、そなたが賢者であることや、知識を求めて世界の各地を見物のために回られたことなど、そなたの噂はこちらにもたくさん届いておる。それで今ぜひお尋ねしたいのだが、これまで万人のうち最も幸福な人をみかけられたかどうかじゃ。

（ヘロドトス『歴史』第一巻30）

もちろん、王は自分こそ最も幸福な人間であるつもりで尋ねたのであるが、ソロンの答えはその予想に反したもので、名もなき市井《しせい》の人間の名前を挙げた。その人物についてはヘロドトスに詳しいが、ここでは仔細を省く。自分の名前が幸福な人の第一位にも第二位にも挙げられなかったことに腹を立てたクロイソスは、「いったいこの私をどう思っているのか」と切り出す。これに対して、ソロンは次のような趣旨のことを答えている。人間の一生をかりに七〇年とし、これを日数にして一年の三六〇日をかけ算すると二万五二〇〇日になる。古代ギリシア世界は閏月を採用しており、一年おきに三〇日の閏月が加算されるので、七〇年に三五回の閏月を加えると、二万六二五〇日ほどになるが、ともかくこのうち一日としてまったく同じことが起きることはない。

されば、クロイソス王よ、人間の一生はすべて偶然であります。あなたが莫大な富をもち、多くの民の王であることは私も承知しておりますが、あなたが私に尋ねられたことについては、ご自分の一生をつつがなく終えられたと聞くまでは、あなたが幸せであったと申すことはできません。〔中略〕されば、人間は死ぬまでは、好運な人とは呼んでも幸福な人と呼ぶことは差し控えねばならないのです。

（『歴史』第一巻32）

ヘロドトス『歴史』にみえるソロンとクロイソス王の幸福問答は、古代世界に広く風伝していた。ソポクレスの悲劇『オイディプス王』の末尾でコロス（コーラス）が歌う、「死すべき人の身であればかの最期をみとどける日を待て、なんの苦難にも遭わずして生涯の際《きわ》に至るまでは、なにびとをも幸福と呼ぶなかれ」（1528以下）という言葉や、同じく悲劇詩人であるエウリピデスの「死にゆく人がどのように最期の日を迎え、あの世に旅立つかをみるまでは、いかなる人をも幸福と言ってはなりませぬ」（『アンドロマケ』100–103）などにその影響の跡がある。このように当時はソロンの「終わりをみよ」という言葉は広く人口に膾炙《かいしゃ》していたことがわかる。

最期の顚末をみてはじめて、「ああ、この人は幸福であった」と言えるわけで、ソロンの言葉や悲劇において語られたのはなにも特別なことでもないように思われるが、これに不合理だと言って咬みついたのが、右のアリストテレスである。

アリストテレスの批判

哲学者アリストテレスは『ニコマコス倫理学』において、このソロンの言葉をとりあげて、もし「人生の終わりをみる」必要があるのであれば、人は死んだときにはじめて幸福であることになるが、それは不合理なことではないか、と反論している。幸福はなにか永続的なものであると考えるのに、その時々の運によって幸福になったり、不幸になったりして、まるでカマイレオン(すなわちカメレオン)のように転変することになるだろう。たしかに、人間の幸福には運が関係しているが、本来善いとか悪いとか言われるのは、その人自身の徳によるものではないのか(『ニコマコス倫理学』第一巻第一〇章)。

アリストテレスが言っていることには、どうもわかりにくいところがある。もう少し、その言葉に耳を傾けてみよう。先にも紹介したが、この書の冒頭ではすべての人間の行為はなんらかの善を目指すと言われていた。しかし、この善には階層(ヒエラルヒー)がある。なんらかの善を目的にする場合に、その行為が別の善のためになされるときと、その行為そのものが善であるときがある。例えば、私が駅に向かって歩くとしよう。歩くという行為は、駅に着くことを目的にする。しかし、散歩するような場合は、歩くという行為そのものが目的になるだろう。けれども、よく考えてみると、それは健康のためという別の目的ないし善があって、そのためにやっているとも言える。とすると、歩くという善(目的)の上に、健康という善があることになる。つまり、そこには善の階層を考えることができるわけであるが、アリストテレスはさらに進んで、それを遡って究極的な善すなわち最高善というものを想定し、これを知ることが人生にとって最も重要であり、この最高善こそ幸福であると言っている(同巻第四章)。

では、最高善である幸福はどうすれば得られるのか。ここで登場するのが「機能」に基づく議論である(同巻第七章)。大工や笛吹きにとっての善とは、家を建てる、笛を吹くという特定の機能や行為に関係するが、それと同様に、人間にとっての善としての機能があるはずである。生きるということは、植物にも共通するし、感覚的な生であれば、ほかの動物にも共通するだろう。それでは、人間にとって本来的な機能とは何か。それは理性に即した活動である。これはまた徳に基づく魂の活動とも言い換えられる。徳はギリシア語で「アレテー」と言う。これについては本書第二章でもう少し詳しく述べるが、それぞれの機能における優秀性、卓越性を意味する言葉である。要するに、理性や徳に基づいた活動というのが、アリストテレスの幸福の規定である。

もっとも、アリストテレスの幸福規定はこれだけでは終わらない。これにさらに「完全な人生において」という条件がつく。というのも「一羽のツバメが春の到来を告げるわけではない」ように、人は短い時間で幸福になるのではなく、長い年月が必要だからである(同巻第七章)。一羽のツバメの例はおそらく当時の諺から引いたものと思われる。イソップ(アイソポス)の寓話にこんな話がある。ひとりの青年が賭け事に夢中になり、着ていた外套のほかは、持ち物をすべて失ってしまう。その時一羽のツバメが飛来するのを目にして、「春が来たんだ」と思い、残った外套までも売り払った。これを金に換えて最後の賭けをするが、賽《さい》の目が悪くなけなしの金までとられてしまう。外をみるとまだ春は来ておらず、ツバメは寒さのせいで死んでいた(『イソップ寓話集』「放蕩息子とツバメ」)。

諺の由来のことはさておき、アリストテレスが立てた追加条件は具体的には、幸福であるためには、「外的な善を必要とする」とか、「運をもあわせ必要とする」といった内容である。外的な善の例としては、生まれのよさ、容姿の美しさ、孤独ではないこと、子宝に恵まれるといったことなどが挙げられている。要するに幸福はこうした順境をあわせ必要とするというのである(『ニコマコス倫理学』第一巻第八章末尾)。

一見、私たちの常識に近い穏健な考えにも思われるが、このアリストテレスの主張をまっこうから批判した人がいる。アメリカの古典学者・政治学者であるヌスバウムは、政治哲学や公共哲学の領域でリベラリズムの流れに属し、コスモポリタニズムや、性差別などへの忌憚のない発言でも知られる論客であるが、彼女の比較的若い頃の著書である『善の脆弱性——ギリシア悲劇および哲学における運と倫理学』(M. Nussbaum, *The Fragility of Goodness*)において、アリストテレスは結局、人間の幸福に対する偶然の影響を重要視していることになり、その立場はきわめて曖昧なものになっていると主張する。アリストテレスで問題となる一文は以下のようなものである。

幸福な人は、身体における善、外的な善、さらに偶然を、これらのために妨げられることがないように、あわせ必要とするのである。車責めにかけられたり、大きな不運に見舞われたりする人であっても、その人が善き人であれば幸福であると主張する者は、その言葉が本意のものであれ、不本意のものであれ、たわごとを言っているのである。

（アリストテレス『ニコマコス倫理学』第七巻第一三章）

健康であるとか美しいとかいった身体的条件、富裕でありよき友人に恵まれ、偶然に不運に見舞われたりすることもないといった外的な条件は、私たちの幸不幸にどのような影響をもたらすのだろうか。アリストテレスは一方で有徳な人が幸福だと称しながら、もう一方ではこのように偶然の恵みを「あわせ必要とする」と主張しており、その意味において彼の立場にはどこか一貫しないものがあるという印象は否めないだろう。

もっともこれはアリストテレス倫理学をどう読みとるかの根幹に関わる問題であり、アリストテレスを擁護する研究者もいる。そのひとりが古典学者のアーウィンであるが、ヌスバウムの前掲書への書評(T. H. Irwin, Book Review of The Fragility of Goodness by Martha Nussbaum)において、彼女が示した論点はすべて誤読によるものだ、と反撃する。さらには、もうひとり、この問題に関心を示した研究者にクーパーがいるが、彼もアリストテレスを擁護しており、彼の幸福論においてこうした偶然が果たす役割は非常に弱いものであると主張する(J. M. Cooper, *Reason and Human Good in Aristotle*, 126–127)。

本書の目的は、アリストテレス倫理学の一貫性を詮議することにはないから、研究者たちの論戦を詳しくみとどける必要はないだろう。いずれにしても、その立場を擁護するかどうかは別として、アリストテレスの主張にはある種の歯切れの悪さがあることは事実である。

これに対して、人の身に降りかかる好運・不運などを含めたいわゆる「外的な条件」が、人の幸不幸にはいっさい関わりがないと主張したのが、本書で詳しくみていくストア派である。これはもともとソクラテスの見解であるとも考えられるが、ストア派、とりわけローマ時代のストア派において最も顕著に現れてくる。これについては次章以降で述べるが、その前にもうひとつの幸福問答を紹介しておこう。

もうひとつの幸福問答

古代において、『哲学の勧め』と呼ばれる一群の作品があったことはよく知られている。哲学者の伝記と思想を記したディオゲネス・ラエルティオスの『ギリシア哲学者列伝』をみるだけでも、アリスティッポス(第二巻85)、アリストテレス(第五巻22)、テオプラストス(同巻49)、デメトリオス(同巻81)、モニモス(第六巻83)、ストア派のゼノン(第七巻36)、ポセイドニオス(同巻91)、クレアンテス(同巻175)、エピクロス(第一〇巻28)といった人たちが『哲学の勧め』を書いている。もっとも、これらはすべて散逸して、今日には残っていない。

ギリシア語の原題の「プロトレプティコス」は、文字通りには「なにかの方向へ(*pro*)心を向ける(*treptikos*)」という意味の形容詞で、ロゴス(議論)を補うことで意味が完成する。もともと哲学に限られるものではなく、医師ガレノスの『医学入門』の原題が「プロトレプティコス・エプ・イーアートリケーン」であったように、人びとを誘《いざな》う対象は何であってもよいわけであるが、古代ではそのうち特に『哲学の勧め』がよく知られていた。マルクス・トゥリウス・キケロ（前一〇六〜四三）が晩年に著した『ホルテンシウス、あるいは哲学について』という対話篇は、散逸してしまったが、残された断片から判断すると、名前こそ違うが同じ類いの作品とみなしてよいであろう。こちらについてはキリスト教教父アウグスティヌス（後三五四〜四三〇）の『幸福な生』に言及がある。

私は（数え年）一九歳のときに、弁論術の学校で『ホルテンシウス』と呼ばれるキケロの著作を読んで、ますます哲学への愛を掻き立てられ、直ちに哲学に身を投じる気持ちになった。

（『幸福な生』4）

同様の記事は、同じ著者の『告白』（第三巻4, 7）にもみえる。アウグスティヌスはよほどこの書物が気に入ったのか、『三位一体論』（第一四巻9, 12）では同書から長い引用をしている。キケロのこの書物の断片資料を集めて、これを再構成する試みもあるが（廣川洋一『キケロ『ホルテンシウス』——断片訳と構成案』）、ここではこの議論の祖型をプラトンの対話篇『エウテュデモス』を手がかりにしてみることにしよう。

われわれはすべて幸福であることを望んでいるだろうか。（*pantes anthropoi bulometha eu prattein*）

（『エウテュデモス』278E）

これはこの作品の中でソクラテスが対話相手のクレイニアスに問いかけた言葉である。ソクラテスは同意を得ると、「ではどうすればわれわれは幸福になるだろうか」とさらに問いかける。その問答をかいつまんで要約すると、クレイニアスは幸福である条件として、裕福であること、健康であること、美貌をもつこと、などを数え上げる。これに対して、これらは一般に幸福の条件と考えられているかもしれないが、しかしその条件がそなわっているだけでは十分でなく、さらにそれらを用いなければならない、とソクラテスは言う。食べ物があってもそれらを食べなければ、飲み物があってもそれらを飲まなければ、私たちはなにも利益を得たことにはならないからである。

幸福になろうとする者は、そのような善をただ所有するだけでなく、さらにそれらを用いなければならないようだ。なぜなら、所有からはなんの利益も生まれないからだ。

（『エウテュデモス』280D）

しかし、ソクラテスはさらに重ねて言う。本当に利益が生まれるためには、ただ用いるだけでなく、それを正しく用いなければならない。つまり、私たちが幸福になるためには、さまざまな物事を正しく用いなければならないが、そのような正しさを提供してくれるのは、知識にほかならないであろう。かくして、幸福であるための条件とされたものは、それ自体では善であるとは言えず、むしろそれらを正しく用いるための知識を求めることの必要が説かれる。哲学する（*philosophein*）とは、文字通りには「知を愛する」ことにほかならない。

存在するものの中で知恵のみが人を幸福な者に、幸運な者にするのだと思われる以上、ほかでもなく、哲学することが必要であると主張することになるだろう。

（『エウテュデモス』282D）

ここで説かれる「哲学を勧める議論」には出発点となる前提があった。それは先に引用したように「われわれはすべて幸福であることを望んでいるだろうか」という問いに対して、ソクラテスの対話の相手がすぐさま同意していることである。アウグスティヌスやキケロの議論にもこれと同じことが、最初に言われている。ギリシア語とラテン語の違いはあるが、意味は同じである。

たしかに、われわれはすべて幸福であることを望んでいる。(beati certe omnes esse volumus)

（キケロ『ホルテンシウス』断片26 Beiter）

われわれは幸福であることを望んでいる。(beatos nos esse volumus)

（アウグスティヌス『幸福な生』10）

フリードリッヒ・ニーチェに、「人間は幸福を求めて努力したりしない。そんなことをするのはイギリス人だけだ」（『偶像の黄昏《たそがれ》』「箴言《しんげん》と矢」12）という言葉がある。これは当時のイギリスの功利主義哲学を揶揄《やゆ》したものである。私たちは「幸福になりたい」とか「幸福になんかなりたくない」とか言ったりするときに、これを選択の問題として考えがちである。幸福になりたいか、なりたくないかの選択である。ここに古代の哲人たちと現代の私たちの間の意識の違いがある。かの哲人たちにとって幸福であることは、人間の生まれもった願望であって、選択の問題ではなかったのである。

カントの批判

ところで、ドイツの哲学者のカントが古代の哲人たちの幸福論を批判したことはよく知られている。幸福を見出すことにおける知性の無力を強調し、むしろ自然的な本能に一任するほうがよいというのがその理由である(『人倫の形而上学への基礎づけ』AT, IV 395)。幸福について私たちが考えるところは人それぞれであるから、感情的な原因によって左右されることが多い幸福の観念は、道徳の基準にはなりえない、と彼は考えている。

ここでカントがしばしばもちだすのは「傾向性(Neigung)」という語である。この語は「好み」とも訳される。例えば、Wir haben eine Neigung zu trinken. というドイツ語文で考えれば、「私たちは酒を飲む傾向性を有する」と訳すよりも、ただ「酒を飲みたい」とするほうがわかりやすいであろう。ただ、カントがもちだす例は好みとするよりも意味が広いので、傾向性という訳語を用いることにする。

カントが挙げるのは、例えばこんな例である（『実践理性批判』AT, V 30）。ひとつは、ある人に好きな相手がいて、みずからの欲望を満足させようとする場合、自分の「情欲の傾向性」には逆らうのはむずかしい。しかし、家の前に絞首台が置かれていて、快楽を満足させようとすると自分が吊るされるとわかっていれば、その人は自分の情欲を抑制しないであろうか。もうひとつは、君主がある立派な人物を殺すために、偽証しろと迫るような事例である。これを拒否すれば自分の命が危ないとしたら、命を優先するだろうか、それともあえて犠牲になることを選ぶだろうか。カントはこのような場合にどちらを選ぶかは確言できないはずである、と言っている。

右はあえて極端な例を選んだのであろうが、いずれにせよ人が行為に至る傾向性はさまざまである。したがって、幸福がその人の心の満足と切り離すことができないのであるとすれば、そのようなものは道徳の基準ではありえないことになる。カントはこう言う。

> 古代の哲学者や近代の哲学者が、この世〔感覚的世界〕において幸福が徳と完全にふさわしい比例をなしていることを見出したのは、あるいは、それを意識しているとみずからを説得することができたのは奇異に思わざるをえない。なぜなら、エピクロスもストア派も、

人生における徳の意識を起源とする幸福をなににもまして称揚したからである。

（強調は原著者、『実践理性批判』AT, V 208）

つまり、古代の哲人たちは徳と幸福というまったく異なるものを同一の規則に従わせようとした点において誤っていることになる。

義務が畏敬されるべきことは、生の享受とはなんの関係もないのだ。

（『実践理性批判』AT, V 158）

このようにカントは純粋道徳の立場に立って、道徳の問題を幸福の問題から切り離して考えようとするわけである。しかし、カントが言う自然的な本能が求めるものは、生物的な欲望の充足であるとも言える。人間が求める幸福とはさらに広く、人間を取り巻く社会の全体に関わるものであるということを考えるならば、はたして知性の協力なしに幸福になることが可能なのかどうか疑問であろう。むしろ、高度なレベルの知性の働きが必要なのではないかとも考えられる。

さらに、カントが挙げた君主が偽証を迫る例は、エピクテトスが『語録』で挙げている事例と似ている。ローマ帝政期の政治家で熱心な共和主義者にヘルウィディウス・プリスクス（後?～七五頃）という人物がいたが、皇帝のウェスパシアヌスが権力をかさにきて、元老院に来させないようにする。以下、こんな問答が続く。


「元老院に来させないようにするのはあなたの自由だが、私は元老院議員であるかぎりは行かねばならないのだ」

「それでは、来ても黙っていろ」

「私を詮議するのはやめていただきたい。そうしてくれるなら、黙っていましょう」

「いや、わしは詮議しないわけにはいかないのだ」

「では、私も正しいと思われることを言わなければなりません」

「しかしお前が話すのなら、お前を殺すことになるだろう」

「私が不死な人間だといつあなたに言いましたか。あなたはあなたのことをするでしょうし、私は私のことをするまでです。あなたのすることは殺すことであり、私のすることは恐れることなく死ぬことです。あなたのすることは追放することであり、私のすること

は悲しむことなく立ち去ることです」（エピクテトス『語録』第一巻第二章〔上巻31-32頁〕）

最後の「立ち去る」という言葉は死を意味する。『語録』の同章の表題は、どうすればあらゆる場合に「人格（プロソーポン）」にかなった行為を保持しうるかということである。カントにおいても人間の尊厳は人格（Persönlichkeit）にあると考えられている。この点については後に述べることにするが、このような極限状態においてどのように行為するかは、カントが言うような自然的な本能だけの問題だとは言えないであろう。

幸福論を再考する

すでにエピクテトスをもちだしたが、本書は古代の哲人たちのうち、ローマ時代のストア派の哲人たちの幸福論に焦点をあてて論じる。すなわち、ルキウス・アンナエウス・セネカ、エピクテトス、マルクス・アウレリウス・アントニヌスである。本論で述べるようにギリシア時代のストア派の著作はすべて散逸したが、対照的にローマ時代のストア派が書いたものは多く伝存しており、しかも後代の人びとに深い影響をあたえてきた。デカルト、パスカル、カントといった多くの哲学者、思想家が彼らの書物を愛読した。ただ、愛読しただけではない。その思想を消化して、自分なりの思想に変えている。例えば、デカルトは『方法序説』第三部において、人生を歩むにあたって「仮の道徳 (la morale par provision)」の必要を述べているが、そのうち第三の格率は「運命よりもむしろ自分に打ち勝ち、世界秩序よりも自分の欲望を変えるように努力し、一般的には、われわれの力が及ぶのはわれわれの考え以外にはないこと、したがってわれわれの外にあるものに対して最善を尽くした後も成功しない事柄はすべて、われわれに関しては絶対に不可能なのだと信じるように習慣づけること」(VI 25)だと言っている。この言葉はほとんどそのままエピクテトスに見出される。

もちろん、カントの例が示すように、彼らの思想に対しては批判もあった。本論でもふれるが、パスカルもその批判者のひとりである。そのような受容と批判の例も紹介しながら、ローマのストア派の哲人たちの人生談義をあらためてたどってみたい。

実のところを言えば、これらの哲人たちが遺《のこ》したものは、後代において繰り返し読まれてきたが、それは人生論の書物としてであって、必ずしも哲学史的に深く研究されてきたわけではない。欧米においては、二〇世紀になってようやく研究対象にされてきた感があるが、近年、三人の哲人たちに関する研究書、一般書は陸続として登場している。

筆者はかつて『ストア派の哲人たち――セネカ、エピクテトス、マルクス・アウレリウス』

（中央公論新社、二〇一九年）において、彼らの思想を政治史という時系列において論じたことがある。本書では、これとは少し角度を変えて、彼らが問題にしたことの根源をギリシア古典期の哲学や初期・中期ストア派の思想に遡って考えてみることにしたい。

第一章　新時代のための哲学
――インペリウムの下で

エピクテトスの故郷ヒエラポリスにあるローマ時代の大浴場

哲学とは何であったか

哲学がわが国に移入されて百年あまりになる。江戸時代末期に洋学者西周《にしあまね》が、philosophy の訳語として「希哲学」あるいは「希賢学」（西周「開成所講義草稿」一八六二年頃）を考案したのであるが、次第に希の一字が落ちて、哲学という語が用いられるようになった。語の説明をすると、philosophy はギリシア語の *philosophia*（ピロソピアー）に由来する語で、*philo* は「愛する（*philein* ピレイン）」ことを、*sophia* は「知、知恵」を意味するから、「知を愛する」というのが原意で、西周はそれぞれに希（希《こいねが》う）と哲あるいは賢の字をあてたわけである。

とすると、哲学は「知を愛する、希求する」ことにほかならないわけだが、人が哲学しようという気持ちになるのは、なにかについて驚きの念に満たされるからだ、とプラトンが言っている（『テアイテトス』155D）。つまり、なにかに驚異の念を抱き、これについて知りたいと思う、そのような旺盛《おうせい》な知識欲が哲学にほかならない。今日では、哲学は大学の哲学専攻の教員によって語られるものと考えられがちであるが、本来哲学はそのような研究者のためのものではなく、学びを求めるあらゆる人びとに門戸を開いたものであった。

しかし、このように考えると、哲学は科学(science)と変わるところはないことになる。後者はラテン語経由の「知る(scio)」に由来する語である。では、哲学と諸科学の違いはどこにあるのだろうか。哲学者のデカルトが哲学を一本の樹木に喩えたことはよく知られている。根が形而上学、幹が自然学、枝にその他の学問があてられていた。これはある意味でアリストテレスの学の体系を継承するものであり、その中枢になるものをアリストテレスは「第一哲学(第一ピロソピアー)」と呼んでいた。けれども、哲学の誕生以来、諸科学はその親元から独立、分離していき、その事情はデカルト以後も変わることはない。とすると、今日では哲学として何が残っているのだろうか。

哲学嫌い

これは言い換えれば、哲学というものを、今日でもひとつの学問とみなせるだろうかということである。

一般に哲学は人間の生きかたを論じたものとみられることが多いが、人生論のようなものは人によって考えが千差万別で、ほかの科学と並んで学として一般的に論じうるものかどうか疑問に思われるかもしれない。アメリカの哲学者ウイリアム・ジェイムズの『人間の不死性』(一八九七年）という論考にはこんな言葉がある。

哲学は実人生にふれることはない。その代わりに、抽象概念をもってする。実人生は多様であり、紛糾し、苦しみに満ちているが、哲学者はほとんど例外なく、これを高貴で、単純で、完全なものとみなして、複雑な現実を無視して、ある種の楽観主義にふけっているではないか。

（W. James, *Human Immortality*, 24）

むろん、ジェイムズは哲学者だからそうではないと言いたいのだが、こうした哲学否定論はかなり古くからあった。要するに、哲学は私たちの現実の生活から遊離しており、そのために実生活には役に立たないのではないかという批判である。

哲学の歴史で最初の哲学者とされるのはタレス（前七〜六世紀）であるが、そのタレスについてこんな逸話がある。タレスがある時天体を観察していた。トラキア出身の機知に富んだ召使の女性を伴に連れていたのだが、タレスが観察に夢中になっているうちに穴に落ちてしまった。すると、この召使はすかさず、あなた様は、熱心に天のことを知ろうとなさっていますが、ご自分の面前のことや、足元のことはいっこうにお気づきにならないのですね。
（プラトン『テアイテトス』174A）

と言ったという。同じ話はディオゲネス・ラエルティオスも伝えている（『ギリシア哲学者列伝』第一巻34）。

哲学者が現実を知らず、哲学は実生活に役に立たないという非難はタレスにのみ向けられたものではなかった。哲学の中心はタレスが活躍した前六世紀のイオニアから前五世紀には本土のアテナイに移るが、哲学を無用とする考えはなお根強く存在していた。序章でソクラテスにふれたが、彼の哲学談義は多くの若者たちを魅了する一方で、年長者たちには暇つぶしの無駄話、時に若者には有害な議論とみなされていた。

あの無駄口屋の乞食、ソクラテスという奴も嫌いさ。
いろいろと思案はめぐらすものの、
どうしたら食っていけるか、とんと気にしたことはない。
（エウポリス「断片」387）

これは当時の喜劇の言葉である。哲学なんかやって何になる。わずかな金のたしにもならないではないか。その証拠に哲学者はいつも貧乏だ、というわけである。そして、プラトンの対話篇に登場するカリクレスという人物も、哲学に対する同様の嫌悪をみせる。

哲学というのはね、ソクラテス、いいかね、年頃までに適度にふれておくのは結構なんだが、必要以上に時間を費やしたりすると、人間をだめにしてしまうものだ。

（プラトン『ゴルギアス』484C）

一方、ソクラテスにとっては哲学とはそのようなものではなかった。友人が当時の宗教の中心地であったデルポイに詣でて、その地のアポロンの神から「ソクラテスよりも賢い者はいない」という神託をもらってくるが、そのことが契機となって謎解きのなかで「無知の知」（無知の自覚）に思い至ったという経緯は、プラトンの『ソクラテスの弁明』に詳しく語られている。そして、哲学することを、「神による召命」としてとらえていくのである。

アテナイ人諸君、私はみなさんに対して、愛着と親しみを感じているが、みなさんよりはむしろ神の命に従うだろう。そして、私の息が続くかぎり、可能なかぎり哲学することをやめないだろう。

（プラトン『ソクラテスの弁明』29D）

ピタゴラスの比喩

けれども、ソクラテスのこのような熱意はわかるとしても、哲学はそもそも何を求めるものなのだろうか。特に、デカルトの樹木の喩えで言えば、諸科学が哲学から独立し、離れ去った後に、哲学の仕事として何が残っているのか。古代ギリシアの哲学者で、ソクラテスと同様によく知られた人物にピタゴラスがいて、この問いにひとつの答えをあたえている。ピタゴラスというと、例の「ピタゴラスの定理」（三平方の定理）で知られるが、ピタゴラス教団を組織して幾何学の研究に没頭したことで歴史に名前をとどめている。それとともに、「哲学」（上述のピロソピアー）という言葉を最初に用いたのはピタゴラスだったと言われている（ディオゲネス・ラエルティオス『ギリシア哲学者列伝』第一巻12）。

このピタゴラスについてこんな話が伝えられている。プリウス（プレイウス）という都市の僭主であったレオンは、「お前の最も自信のある学術は何か」とピタゴラスに尋ねた。それに対して、ピタゴラスは、「私は学術の心得はないのですが、ただ私は哲学者でありますす」と答えた。その言葉をはじめて耳にしたレオンは、哲学とはどのようなものか尋ねた。これに対して、ピタゴラスはひとつの比喩で答えたという。古代のオリンピックは、ギリシアのペロポネソス半島の北西にあった聖地オリュンピアで四年に一度開かれていたが、ここにはいろいろな人びとが集まってくる。それにはおよそ三つのタイプの人がいて、競技会に出て、そこで賞を得ようとする人がいるし、またそこには市が立つから商売をして金儲けをしようとする人もいる。これに対して第三の人として、この競技会を観るためにやって来る人びともいる。人生においてもこれと同じで、みずからが生きる目的を名誉、名声におく者もいれば、利得におく者もいる。しかし、少数ながらものの自然のありかた(真実)を観ることに熱心な者もいる。これが「知恵を求める者」であり、「愛知者」すなわち哲学者にほかならないのである(キケロ『トゥスクルム荘対談集』第五巻3, 8–9)。

序章でクロイソス王とソロンの幸福問答について紹介したが、その中でクロイソスがソロンについて言った「知識を求めて世界の各地を見物のために回られた」(ヘロドトス『歴史』第一巻30)という言葉で、「知識を求めて(*philosopheōn*)」というのは「哲学して」とも訳せるが、これはむしろ一般的な意味で知的な好奇心を意味するものと考えられる。これに対して、ピタゴラスが使ったとされる「哲学」は、利得や名誉の追求とは別個のひとつの生きかたとしてとらえられている点で異なっている。私たちは人生において何を求めるべきか。私たちの心を真の意味で満たすものは事業によって得られた「富」なのか、それともそれに付随する「名誉、名声」であるのか、あるいは人生そのものの意味を探究することなのか。こうしたことはピタゴラスだけでなく、古来、哲学において繰り返されてきた問いであった。ソクラテスにとっても、哲学は単に時間をつぶすだけの無駄話ではなかった。むしろ、対話の相手の生き方を根本的に変えるものでなければならなかった。

すでに述べたように、古代の哲人たちは人間が幸福を求めるということには議論の余地がなく、議論の余地があるのは、いかにすれば幸福になれるのかというところにある、と考えていた。私たちは単なる自分の存在、自己意識、さらに生存の意欲をもちながら、それを超えてなにかよりよいものを志向しているが、それでもそれを得ることができず、幸福感にひたることができずにいる。私たちはどうしたら幸福になれるのか。巨万の富、高い地位、名誉、あるいは健康を得たら幸福なのか。

ピタゴラスが挙げたオリンピックの祭礼における三つの生きかたについて考えてみよう。祭礼においてある者は商売をして利を得ようとする、ある者は競技に参加して名誉を求める。これらに対して第三に挙げられたのは、ものの真実を知ろうとする生きかたであった。前の二つの生は「活動的生（ウィータ・アクティーウァ）」であるのに対して、最後のものは「観想的生（ウィータ・コンテンプラティーウァ）」と呼ばれる。もちろん、哲学が究極的に求めるものを「観想」としてしまうことには異論がある。はたして、哲学の探究は物事の実践から切り離されたものなのかどうか。アリストテレスは観想的生の極致を神の生に見出したが（『形而上学』第一二巻第七章）、ソクラテスやプラトンが求めたものは、理論と実践がそのように截然《せつぜん》と切り離されたものではなかった。けれども、そのことは措くとしても、いずれの哲学も、利得を求める生きかた、名誉を求める生きかたから距離を置こうとするものであることは、共通していると言えるだろう。

本書はこうした哲人たちの人生談義をみることを目的としている。いわゆるヘレニズム時代以降の、とりわけローマ帝国下における哲人たちの言葉や思想について紹介するが、それは次章以降で述べるとして、本章ではそれまでの変遷を前置きとして簡単にみておきたい。

ポリス時代の哲学

前三九九年にアテナイで刑死したソクラテスの精神を受け継いだのがプラトンであったが、彼が目指した哲学的問答とは、単に社会の片隅で哲学者が少数の仲間と交わした世間離れの会話ではなかった。むしろ、そこで得られた知見を国家社会に適用せねばならないと考えた。

哲学者が国家において統治するか、あるいはいま王とか権力者とか言われている人びとが真にかつ十分に哲学するのでないかぎり、つまり国家権力と哲学とが一体化されて、現在別々の方向にめいめい進んでいる人びとの多くの素質が、強制的にその進む道を閉ざされるのでなければ、国々に不幸がやむ時はないのだ。（プラトン『国家』第五巻473D）

これはいわゆる哲人王宣言と呼ばれるものであるが、『第七書簡』（真偽については問題がある）においてもほとんどそのまま繰り返されている（326B）。

ソクラテス、プラトン、アリストテレスと受け継がれていく哲学には、後の時代の哲学などにはない特徴がある。それを一言でいえば、ポリス時代の哲学だということである。

周知のように、古代ギリシアでの人間社会の単位はポリスと呼ばれる都市国家であった。もちろん、当時のギリシア人たちはポリスのない世界を知っていた。にもかかわらず、都市国家としてのポリスが、異民族（バルバロイ）が暮らす地の専制政治よりも優れた体制であると信じていた。それはなによりもまず法による支配があるからである。ペロポネソス戦争時（前四三一～四〇四年)にあって、アテナイ人のペリクレスは、民主制下では、「個人的なことでは傷つけあわないように生活し、とりわけ公のことでは畏敬の念があるために法を犯すことはない」(トゥキュディデス『歴史』第二巻37, 3)と言っている。同時期において彼の政敵であったスパルタのアルキダモスもまた、「われわれが良識的であるのは、法を軽視するよりはむしろ愚直であるように教えられ、またきびしく節度を教えられているために法に従わぬようなことはないからである」(同、第一巻84, 3)と述べている。法に対する敬意は、これほどギリシア人たちの精神に染み込んでいた。つまり、法によって支配されている分だけ、アジアの奴隷的な民衆よりも優越していると信じたわけである。

ポリスの崩壊

ポリスは城壁によって囲まれ、これによって市民の自由と独立は守られていたのであるが、やがてこうした体制は崩壊する日を迎えることになる。前三三八年八月二日、ボイオティアのカイロネイアにおいて、アテナイ・テバイ連合軍はピリッポス二世とその子アレクサンドロス三世(大王)率いるマケドニア軍と激突する。マケドニア軍の重装歩兵による新式密集陣形(パランクス)は連合軍を打ち破り、当時無敵を誇ったテバイ神聖隊も壊滅的な打撃を受けた。戦後、ピリッポス二世はコリントスにおいてヘラス同盟を結成し、スパルタを除く全ポリスが参加し、これによってマケドニアの覇権は確立する。そして、前三三六年にピリッポスが暗殺されると、アレクサンドロスが弱冠二〇歳で王位に就く。これによって、各ポリスは形こそ存続したが、次第に有名無実化していく。

アリストテレスは人間の幸福をポリスの中においてはじめて可能なものと考えたが、ポリスという生活単位が実質上失われ、一大帝国（インペリウム）の下に組み入れられると、人間の幸福はポリスの安寧から切り離されたかたちで、個人の心の満足の中に求められるようになった。

歴史家はアレクサンドロス大王の死（前三二三年）からのおよそ三百年間をヘレニズム時代と呼んでいる。「ヘレニスムス（Hellenismus）」という言葉の命名者であるＪ・Ｇ・ドロイゼンは、アレクサンドロスの治世をその起点としているが、諸家によって多少の違いはあるものの、マケドニア王国によるギリシア世界の統一によって新しい時代を迎えたと言うことができる。大

王の死後はその後継者たち（ディアドコイ）によって王国は分断される。そのひとつであるプトレマイオス朝エジプトの滅亡（前三〇年）までがヘレニズム時代である。

ギリシアという名前は、もともと南イタリアに居住していたギリシア人たちがグラエキー（Graeci）と呼ばれていたのが、ギリシア人一般を指す言葉として用いられるようになったこと

に由来するが、ギリシア人自身は自分たちの国土をヘラス(Hellas)と名づけていた。そのことから、純然たるギリシア人たちが活躍した時代はヘラスの時代(Hellenic Age)と言うのに対して、ヘレニズム時代とはその支配領域の文化がヘラス化した時代(Hellenistic Age)という意味である。後者の特徴は政治の中心が都市国家のポリスでなくなったことに加えて、その文化の担い手が純然たるギリシア人でなくなったこともある。

ストア派

この時代において最も突出した哲学派はストア派とエピクロス派であった。ストア派の創始者はキュプロス島(キプロス島)の南岸にあったキティオンという町の出身のゼノン(前三三五頃〜二六三頃)で、ギリシア人ではなくフェニキア人である。かつてはギリシア語を話さない非ギリシア系住民は上述のようにバルバロイと呼ばれ、ギリシア文化圏の外にあったが、一大帝国の傘下に入ると、自他の区別がなくなってくる。言語も時代にあわせて、標準ギリシア語(コイネー)が共通の言語として用いられるようになった。

このゼノンという人物が哲学に関わるようになった経緯については、ディオゲネス・ラエルティオスが伝えている。

彼が哲学者のクラテスと近づきになったのは、以下のような次第である。紫の染料の積荷をフェニキアからペイライエウス〔アテナイの外港〕まで運んでいたとき、船が難破してしまった。すでに三〇歳になっていた彼は、アテナイ市まで上っていき、とある本屋の店先に腰をかけた。クセノポンの『ソクラテス言行録』〔『ソクラテスの思い出』〕の第二巻を読んでいるうちに、それが気に入って、「こういう人たちはどこで時を過ごしているのかい」と訊いた。都合のよいことに、クラテスがそばを通ったので、本屋の主人は「あの人について行くといい」と答えた。その時から彼はクラテスの弟子になったのである。

（『ギリシア哲学者列伝』第七巻 2-3）

ここに出てくるクラテスとは、キュニコス派（第二章参照）のディオゲネスの弟子であり、そのためゼノンは師からキュニコス的な清貧の生きかたを学んだが、それだけでは飽き足らず、論証の術に優れたメガラ派のスティルポンや、プラトンの学派であるアカデメイア派の四代目の学頭ポレモンからも学ぶことになる。

このように当時のさまざまな学派の哲学思想を学ぶと、キュニコス派に加えて、論理学や自然学をも取り入れた新しい哲学を提唱し、独自の学派をつくるようになる。当初は彼の学派は「ゼノン派(ゼノニオイ)」と呼ばれたが、後にはストア派(ストイコイ)と呼ばれるようになる。この名の由来は、アテナイの広場の近くにあった「ストアー・ポイキレー(彩色柱廊)」による。この柱廊は前四六〇年頃に創建されたが、彩色と呼ばれるのは、ポリュグノトス、パナイノス、ミコンなどギリシア古典期を代表する巨匠たちの絵画で柱廊が飾られていたためである。

ゼノンは前二六三年頃に死去するが、生前からその盛名は広く知られ、当時のマケドニア王アンティゴノス・ゴナタス(アレクサンドロス大王の部将であり後継者であったアンティゴノス一世の孫)も、再三にわたって宮廷に招こうとしたほどである。弟子たちもギリシア世界各地から集まり、キオスのアリストン、カルタゴのヘリロス、ヘラクレイアのディオゲネス、アッソスのクレアンテスなど、ストア哲学を継承した人たちのほかにも、『星辰譜(パイノメナ)』で名高いキオスのアラトスなどもゼノンの講義にかつて列席したことがある。このうち、ゼノンの後継者としてストア派第二代の学頭になったのが、クレアンテス(前三三一頃~二三二頃)である。

クレアンテスは筋肉質の体で、才気煥発というよりは鈍重と言ったほうがよく、およそ哲学者らしからぬ人物で、ゼノンに入門した頃貧しく、日々肉体労働をしていたために「水汲み夫(プレアントレース)」という渾名《あだな》がついていたほどの人物であったが、ゼノンに最も忠実な弟子であったために、ゼノンは彼を後継者として選んだ。クレアンテスの次にストア派の学頭を継いだのが小アジア南東部キリキア地方のソロイという町の出身のクリュシッポス(前二八〇頃〜二〇七頃)である。クリュシッポスは哲学議論に優れ、ストア派の学説を確立した人物で、「クリュシッポスなくしてはストア派なし」とまで謳《うた》われた。多作家としても知られ、一日五〇〇行書いたとされ、著作は七〇五巻以上にのぼったとされる(『ギリシア哲学者列伝』第七巻180-181)。エピクテトスの『語録』などを読むと、後のストア派の哲学学校の教科書になっていたことがわかる。

エピクロスの園

以上はストア派、特に初期ストア派と呼ばれる人たちであるが、このストア派と並存していたのがエピクロス派である。その創始者であるエピクロス(前三四一〜二七〇)は、エーゲ海のサモス島に移住したアテナイ人を両親として生まれた。前三二三年に父の祖国にやって来たが、それはちょうど東方遠征中のアレクサンドロス大王がメソポタミアのバビュロンで客死した年である。アテナイに戻ったのは兵役に就くためである。アテナイ市民は一八歳になるとエペーボス(兵役適齢者)として二年間兵役を務める義務があった。もっとも、その頃は物情騒然とした時代で、大王の死に乗じて反マケドニア連合が成立すると、マケドニア軍との間でラミア戦争(前三二三〜三二二年)が勃発し、結果としてマケドニアが勝利するのであるが、そんななかエピクロスは難を避けて、小アジアのコロポンに移住する。そこで、デモクリトス(前四六〇頃〜三七〇頃)の原子論の系譜につながるナウシパネス(前三六〇頃〜?)に学び、それ以外にも快楽主義や懐疑主義の思想の影響を受けて、独自の哲学思想を醸成するようになった。

前三〇七/〇六年にエピクロスはアテナイに帰還する。当地を去っておよそ一五年後のことである。アテナイの北西にプラトンが創建したアカデメイアがあるが、その近隣に「庭園(ケーポス)」を購入し、学園を開いた。これがいわゆる「エピクロスの園」である。そこで男女を問わず、共同生活を送ったが、プラトンのアカデメイアが研究センターの性格を有していたのとは異なり、ここに集った人たちは多作で知られたエピクロスの著作を読むことで日々を過ごした。とりわけ彼の「主要教説(キュリアイ・ドクサイ)」と呼ばれるもの(ディオゲネス・ラエルティオス『ギリシア哲学者列伝』第一〇巻139以下に所収)は、繰り返し読まれ、暗唱されていたものと思われる。売春婦を含む女性たちや奴隷にも門戸を開いていたのもその特色と言えるだろう。

ローマへ

アレクサンドロス大王の死後、その部下たちによって帝国は分断されていたが、やがてローマが台頭してくる。前二世紀頃からギリシア世界に進出していたが、前三〇年にオクタウィアヌス（のちの皇帝アウグストゥス）が後継者たちの分裂国家のひとつプトレマイオス朝を滅ぼすと、地中海域とオリエントを手中に収める。その頃からギリシア文化のローマへの移入が始まる。前二世紀以降の思想の流れをざっとみることにしよう。

まず、小アジアの南東部キリキア地方のマッロス出身の哲学者・文法学者にクラテス（同名の、ゼノンの師とは別人）がいる。彼の生没年は詳細は不明だが、ペルガモンの王エウメネス二世、およびその弟のアッタロスの庇護を受け、ペルガモン図書館の館長も務めている。そのクラテスが、前一六八年にエウメネスの大使として（あるいは前一五九年のアッタロスの大使であったとも言われる）、ローマに赴いている。たまたま足を骨折したために、ローマに長逗留することになった。クラテスはストア派の哲学者だが、ホメロスなどの注解も著しており、その関係で、ローマ市民に文学の講義をおこなった。その講義が大きな反響を呼び、市民が文学研究に興味を抱くようになったと言われる（スエトニウス『文法家について』2）。

一方、ローマの市民が哲学に関心を抱くようになったのは、前一五五年の哲学者たちのローマ訪問がきっかけである。アテナイから使節団がローマにやって来て、アテナイがボイオティア地方のオロポスを不法占拠した件で課された賠償金の免除を求めた。この話を伝えるプルタルコス『英雄伝』(「マルクス・カトー伝」22)によると、使節団には何人かの哲学者がいたが、そのうち当時最も人気を博したのがアカデメイア派のカルネアデス(前二一四/一三~一二九/二八)であった。彼がローマ人を相手にどんな話をしたかについては、キケロが『国家』第三巻において紹介していたらしいが、残念なことに肝心の部分が残っていない。ラクタンティウスという後三世紀のキリスト教作家が、『神の教理』というラテン語の書物に、キケロが紹介したものを採録している(第五章14)。それによると、カルネアデスは民衆の前で「正義」の重要性を説く議論を展開したが、その翌日には前日の議論を撤回して、これを否定する論証をおこなった。ローマの民衆はカルネアデスのたくみな弁舌に驚き、拍手喝采した。

カルネアデスの議論の意図は、ローマ市民を煙に巻くことにあったわけではない。むしろ、正義についてさまざまな議論はあっても、確実なことはなにも言えないのだという、当時のアカデメイア派の懐疑論の立場を示すためのものであった。アカデメイア派というのは、プラトンが創設した学派であるが、当時は懐疑主義的な傾向が強く、確定的な判断を保留し(これをエポケーと言った)、無駄に心を乱されないことを至上とした。

いずれにせよ、このようなギリシア文化の流入に対して、異を唱える者もいた。例えば、マルクス・ポルキウス・カトー・ケンソリヌス(前二三四〜一四九)もそうである。彼は第二次ポエニ戦争(ハンニバル戦争)の英雄で、曽孫のカトー(小カトー)と区別するために通常大カトーと呼ばれる。彼自身は弁論に優れていたが、質実剛健のローマの遺風を重んじる人で、巧妙な論理を操るだけにみえたギリシアの哲人たちを嫌い、元老院を説得して、彼らをローマから追い出すように仕向けたと言われる。権力者たちのこのような哲学者嫌いの傾向はその後も残り、後年のエピクテトスの時代になっても、哲学者たちの追放は続くことになる。

けれども、哲学という学問にふれた一般の民衆は歓喜してこれを迎えた。折しも、アリストテレスの著作(厳密には、学校における講義録であったが)が発見された。彼の学派のひとりが小アジアの故郷に持ち帰ったものが、そのまま長い間放置されていたが、その後テオスのアペリコン(?〜前八四頃)がこれを買い取り、さらに、このアペリコンが死去した年に、ローマの将軍がアテナイを占領したおりに、その文庫をローマに持ち帰ったのである。これをロドスのアンドロニコスが整理して、アリストテレスの著作集として刊行した。これは今日のアリストテレス全集とほぼ同じものである。アリストテレスの師のプラトンも好んで読まれた。紀元前後に生きた、エジプトのメンデス(あるいはアレクサンドリア)出身のトラシュロスという人物がおり、ティベリウス帝に占星術師として仕えたが、彼はむしろプラトンの作品を九つの四部作（テトラロギア）に整理し刊行したことで知られる（分類の詳細については、ディオゲネス・ラエルティオス『ギリシア哲学者列伝』第三巻56以下に詳しい）。この形式は、今日のプラトン全集においても継承されている。

キケロの格闘

当時のローマにおいて、こうした空前の哲学ブームが起きるなかで、これを本格的に受容ないし研究しようとする者が現れるのは不思議ではない。共和制末期のローマで最大の文人であったマルクス・トゥリウス・キケロ（前一〇六〜四三）は、最初は弁論家として名を馳せたが、次第にその関心は哲学に移っていく。前七九年から二年間ギリシアに遊学するが、当時はアカデメイア派、ストア派、エピクロス派が互いにしのぎを削りあっていた。アリストテレスの学校のペリパトス派はすでに衰退し、再び活気を取り戻すのは、後三世紀初頭のアプロディシアスのアレクサンドロスの登場を待たねばならない。キケロはすでにローマにいる頃に、アカデメイア派の学頭のラリッサのピロン（前一六〇頃〜八〇頃）の知遇を得ていたが、アテナイにおいてピロンの弟子であるアスカロンのアンティオコス（前一三〇頃〜六八頃）の許で、本格的にアカデメイア派の哲学を学んだ。その頃のアカデメイア派は懐疑主義も影をひそめ、ストア派などの影響も受けていた。さらに、キケロはロドス島まで足を伸ばし、ストア派のポセイドニオス(前一三五頃~五一)の講義にも出席している。

当時のローマ人にとって重要なのは弁論術であり、その点ではギリシア人と変わることはなかったが、キケロほど哲学に熱中した人はいなかったと言ってよいだろう。もっとも、キケロが哲学的著述に専念するのは晩年になってからである。ひとつには、内乱によって共和制が崩壊しカエサルによる独裁が始まったので、政治に幻滅したこと。また同時に、最愛の娘トゥリアを失ったキケロは失意のうちにあって、残された時間を哲学に集中したという事情があった。前四六~前四四年の短い間に、『アカデミカ』『善と悪の究極について』『トゥスクルム荘対談集』『神々の本性について』『占いについて』『運命について』『義務について』などの哲学の主要著作が書かれている。

哲学的著作としては、キケロの議論は時に冗長で、明解さに欠けるところがあり、内容としても二番煎じの域をでないが、しかしそれでも、著作がほとんど散逸した哲学者たちの思想を知るためには重要であることに変わりはない。特に当時のストア派はポセイドニオスの前にパナイティオス(前一八五頃~一〇九頃)がいる。彼らの思想は一般に中期ストア派と呼ばれており、その頃並存していた他学派からの影響も受けており、初期のストア派とは必ずしも見解が一致しないところがある。いずれにせよ、その情報はキケロに負うところが少なくない。

人間性を意味するヒューマニティは、ラテン語の「フーマーニタース」に由来するが、これはキケロの造語である。それ以外にもキケロがギリシアの哲学概念をラテン語に翻訳し、今日でも伝わっているものが少なくない。イタリア語でキケロはCicerone（チチェローネ）と書くが、小文字のcicerone は案内人の意味でもある。キケロは文字通りギリシア文化の案内人であった。そして、キケロの没後徐々に哲学がローマに浸透していく。なかでも、著作が現存しているために今日でもよく読まれている哲学者が、セネカ（前四～後六五）、エピクテトス（後五五頃～一三六頃）、マルクス・アウレリウス（後一二一～一八〇）である。彼らはローマを代表する哲学者で、思想的にはストア派に属する。

ローマ時代のストア派

セネカはスペイン南部のコルドゥバ（コルドバ）の裕福な騎士階級の出で、ほかの裕福な子弟と同様に弁論術を学ぶとともに、ストア派哲学者のアッタロスなどに師事している。若い頃に皇后メッサリナの陰謀でコルシカ島に流されたが、その後メッサリナが亡くなると、セネカはローマに呼び戻される。皇帝のクラウディウスはやもめになったが、先帝のカリグラの妹アグリッピナと再婚する。アグリッピナも再婚で、前夫との間に子供がいた。名前をドミティウスといったが、クラウディウスの養子となり、名前をネロと改名する。後の暴君ネロである。セネカはネロの教育係を命じられ、そのことがきっかけとなって政治家として栄達する。特にクラウディウスがアグリッピナの策謀で暗殺され、ネロが帝位に就いてからはそうで、巨万の富を築き上げていく(キケロも裕福であったが、セネカの比ではなかった)。けれども、ネロが次第に暴君と化していくと、アグリッピナも殺害され、さらにカルプニウス・ピソによるネロ殺害計画の濡れ衣を着せられて、セネカは皇帝によって自決を命じられ、後六五年に死ぬ。

その次がエピクテトスである。エピクテトスは後五五年頃に小アジアの内奥部にあったヒエラポリス(聖なる都市の意)で生まれている。出生を五〇年頃に見積もる研究者もいるが、よくはわからない。エピクテトスは母親が奴隷ということもあって、生まれながらの奴隷であった。セネカや次のマルクス・アウレリウスには彫像があるが、エピクテトスにはそうしたものは残っていない。エピクテトスの姿が後の時代の人に描かれたりするが、すべて想像にすぎない。これは奴隷の身分から出発した事情を考えればやむをえないと言えるだろう。そのエピクテトスは少年の頃にローマに連れてこられて、エパプロディトスに仕える。この主人はネロに仕えた解放奴隷であったが、ネロが自殺(後六八年)したときに幇助《ほうじょ》したことを理由に、後になって処刑されている。

エピクテトスは足が不自由で、これは主人から虐待を受けたためと言われるが、よくはわからない。当時は奴隷と言っても、主人がその能力を認めた者には教育を受けさせ、子弟の学習係をさせる慣習があったが、エピクテトスもまだ奴隷の頃に教育を受けている。彼が哲学を学んだのは、ムソニウス・ルフスというストア哲学者からであった(ルフスはギリシア語ではルポスで「赤ら顔」という渾名)。その時の講義の様子は、現存する『語録』(第三巻23[下巻145頁])から推察することができる。エピクテトスは後に解放され、哲学教師となって出発するが、時の皇帝のドミティアヌスの哲学嫌いは有名で、多くの哲学者がローマから追放された。エピクテトスもそのひとりで、ギリシア本土の北西部エペイロス地方の都市ニコポリス(勝利の都市の意)に移る。この地で哲学学校を開くが、徐々にその名声が広まり、数多くの子弟が学びにやって来た。そのひとりが、後年歴史書『アレクサンドロス大王東征記』を著したアリアノス(後八六/九〇頃〜一七五頃)である。エピクテトスは著作がなく、現存する『語録』と『要録』はこの弟子が講義の内容をまとめ、あるいは師の思想を要約したものである。

ローマのストア派の最後に来るのが、マルクス・アウレリウス・アントニヌスである。エピクテトスを追放したドミティアヌス帝が九六年に宮廷内で暗殺されると、ローマはいわゆる五賢帝時代を迎える。ネルウァ、トラヤヌス、ハドリアヌス、アントニウス・ピウスと続き、最後を飾るのがマルクス・アウレリウス（在位一六一～一八〇）であるが、その著書というより備忘録である『自省録』の第一巻に記されているように、修辞学の師マルクス・コルネリウス・フロント、第二次ソフィスト運動の中心人物でギリシア語の師でもあったヘロデス・アッティクス、そしてストア哲学者のクゥイントゥス・ユニウス・ルスティクスなどの名士から教育を受けており、三人の中では最も恵まれた教育環境に育ったと言うことができるだろう。特に、ルスティクスからエピクテトスの「覚書」（『語録』に相当するエピクテトスの講義録）を借り出して、読んだことが彼の思想の方向を決定づけた（『自省録』第一巻7[13頁]）。

エピクロス以後

一方、エピクロス派の哲学の命脈も断たれることなく存続した。ローマ共和制期の詩人であり、エピクロス派の哲学者であったルクレティウス・カルス（前九九頃～五五頃）によるラテン詩『事物の本性について（*De rerum natura*）』は、長く知られていなかったが、一四一七年にドイツの修道院でその写本が発見された。六巻七四〇〇行余の詩であり、ヘクサメトロン（長短短六脚韻)という韻律でエピクロスの世界観を歌い上げている。

さらに、ルクレティウスとほぼ同時代で、エピクロス派の哲学者として名高いピロデモス(前一一〇頃~四〇/三五頃)がいる。エピクロスの園でエピクロス派の思想を学んだが、後年イタリアに移る。彼のパトロンとなっていたのが執政官のカルプニウス・ピソである。同名のローマ人は一〇人以上おり、先の陰謀事件の首謀者とは別人である。ネアポリス(ナポリ)の近郊のヘルクラネウムに壮麗な邸宅を構え、ピロデモスを住まわせていた。ピロデモスの没後もエピクロス派の学統がヘルクラネウムを中心に継承されていたが、後七九年昼頃のヴェスヴィオ火山の大爆発によって、近隣のポンペイとともにこの町も埋め尽くされてしまった。一八世紀になって邸宅が発見され、そこからおびただしいパピルスが発見された。そのため、今日では「パピルス荘(Villa dei Papiri)」の名で呼ばれているが、その中にピロデモスをはじめとするエピクロス派の門人たちの著作が多く含まれていた。パピルスは炭化していて、これを剝がしていくためにアントニオ・ピアッジオ(一七一三~一七九六)が考案した特別な機械が用いられた。今日では、直接に剝がすのではなく、最新の光学機器が用いられている。さらに、エピクロスの主著であった『自然について』のパピルス断片も発見され、解読が進められている。

エピクロス派の中心はローマだけではない。ルクレティウスやピロデモスに比べるとあまり知られていないが、小アジア南西部のリュキア地方のオイノアンダ出身のディオゲネス（後二世紀）もエピクロス派の哲学者であった。一九世紀にこの地で、石灰岩にエピクロス派の自然学説や倫理学説を刻んだ碑文が発見された。その後、二〇世紀になって柱廊の壁がみつかったが、もとは八〇メートルはあっただろうと推定されている。ディオゲネスがどういう経緯でこんなものをつくろうと思ったのかわからないが、エピクロス派の哲学はアテナイ郊外にあったエピクロスの園を出発点とし、その後ローマ時代に入ると、こんな遠隔の地にまでその思想は伝播していたのである。

次章以降では、これらの哲人たちの思想を、とりわけ彼らの人生談義を中心にみることにしよう。

第二章　自然に従って生きる

――自足する心

樽の中のディオゲネス
油絵，ジャン＝レオン・ジェローム作（1860 年）

アウタルケイア

さて、幸福論に戻ろう。繰り返すが昔のギリシアやローマの哲人たちは、幸福でありたいという願いをすべての人間に共通するものと考え、そのうえで人生や生きかたの問題を論じた。けれども、ただ生きるというだけでなく、「よく生きる」ことが大切だと言うときに、その「よさ(善)」をどこにみるかという点では、哲人たちはさまざまな見解を提示していた。

考えてみれば、「ただ生きる」こともそんなに簡単ではない。たしかに貧窮は辛くて悲しい。生きるのがやっととという暮らしを送っていると、古《いにしえ》の哲人の幸福談義など呑気な暇つぶしのように思えてくる。日々の労働によってわずかな給金を得ても、それは右から左に消えていくことも少なくない。しかし、そのような境遇で得たわずかなゆとりはうれしいものである。森鷗外の『高瀬舟』という作品には、喜助という罪人が、遠島を言い渡されたとき銅銭二〇〇文というわずかな金を得て、嬉々《きき》とした表情を浮かべていたというくだりがある。これについて、鷗外はあとがきでこう書いている。

一つは財産というものの観念である。銭《ぜに》を持ったことのない人の銭を持った喜《よろこび》は、銭の多少には関せない。人の欲には限がないから、銭を持って見ると、いくらあればよいという限界は見出されないのである。
（「附高瀬舟縁起」）

私たちの生活が単なる生存を超えて、生活が向上してなにか「よい」と言えるものがつけ加えられるとき、幸福を感じ、それに至る一歩を踏み出したのかもしれない。逆に言えば、不幸は不足を感じるところから始まることになる。けれども、不足することが不幸につながり、充足することで幸福だという満足感が得られるのだとすれば、充足するたびに幸福感が増すことになるが、実際には、豊かさによって困窮な状態から脱出しても、毎日豪華な食事が並んでくると、もはや最初のような満足を得ることがむずかしくなってくる。食事の満足は空腹があるから得られる。飲み水で喉をうるおして満足するのは、渇きがあるからである。

つまり、充足に満足するのは欠乏があるからで、充足が続けばもはや満足感は得られないわけである。昔の哲人たちは、右の喜助のような喜びを「アウタルケイア」というギリシア語で表した。言葉の意味は、文字通り「みずから(アウトス)足りる(アルケース)」ということである。

この言葉を哲学の用語にしたのはアリストテレスである。アリストテレスは『政治学』のはじめで、「人間は生まれつき国家をつくる動物(ゾーオン・ポリーティコン)である」(第一巻第二章)と主張している。原語のポリーティコンとは、文字通りには「ポリスの」という形容詞で、ポリスを形成するという意味である。アリストテレスによれば、人間はひとりでは生きられない。また、ただひとり幸福であっても、それは万人が望むことではない。

複数の村からなり、いわばあらゆる自足(アウタルケイア)の要件を満たした完全な共同体が国家(ポリス)であり、「生きる」ために発生したが、「よく生きる」ために存在するものである。(『政治学』第一巻第二章)

アリストテレスは人間の本質をこのように社会性にみているわけであるが、これを次の言葉と比較してみる。

彼らが説くのは簡素に生きることであり、身を養うだけの(アウタルケース)食べ物をとり、着古した外衣を身につけ、富も評判も生まれのよさも軽視しているのである。

（ディオゲネス・ラエルティオス『ギリシア哲学者列伝』第六巻105）

ここで言う「彼ら」とは、第一章でもふれたキュニコスの徒のことである。よくキュニコス学派と言われるが、特に学問を継承するような集団ではない。キュオーン（犬）からつくられた形容詞で、文字通りには「犬の、犬のような」の意味であり、もちろん人を褒める言葉ではなく、無一文の乞食生活に甘んじる生きかたを罵《ののし》ってつけたものである。ディオゲネス・ラエルティオスの『ギリシア哲学者列伝』（第六巻2）を読むと、キュニコス的な生きかたを始めたのは、ソクラテスの弟子であるアテナイのアンティステネス（前四四五頃〜三六〇頃）であり、彼の弟子になったディオゲネスがそれを広めたように書かれている。古代世界にはディオゲネスという名の人物はたくさんいるが、黒海南岸のシノペの出身のディオゲネス（前四〇〇頃〜三二三）のことである。

『ギリシア哲学者列伝』という書物は紀元後三世紀頃に書かれたものだが、その原資料としてソティオン（前二〇〇頃〜一七〇頃）、ヘラクレイデス・レンボス（前二世紀）、ロドスのアンティステネス（前二〇〇頃）の今は失われた哲学者伝を用いていることがわかっている。そうした先行書から引き継いだ傾向として、哲学の学派をどれでもソクラテスにつなげるところがある。

これは後続のストア派とソクラテスを系譜の上で連続させるためであるが、ディオゲネスがアンティステネスから直接に教えを受けた可能性はかなり低い。そのため、今日ではディオゲネスが最初のキュニコスの徒と考えるのが普通である。

このような詮索は哲学史家にしか興味がないだろうから、これくらいにしておくとして、ディオゲネスについて簡単に紹介しておこう。彼の父親はシノペで両替商を営んでおり、当初は比較的裕福であったと考えられる。両替商(トラペズィテース)というのは、市場にテーブル(トラペザース)を置いて、貨幣の交換や金貸しをしたりする今で言う銀行のような仕事をする者のことだが、小さな都市だと貨幣の製造を任されることもあった。ところが、シノペで貨幣改造事件が起きる。『ギリシア哲学者列伝』(第六巻20)によれば、ディオゲネスの父親が(あるいはディオゲネス自身が)通貨を粗悪なものに改造したという。その後、事が露見して父子ともども国外に追放された。

こんなこともあって、ディオゲネスは放浪の身となる。物乞いをすることで、なんとか日々の糧を得て、いつもこんな言葉を口にしていた。同書がその言葉を伝えている。

国もなく、家もなく、祖国を追われ、

日々の糧を物乞いしつつ、さすらいゆく者。

（『ギリシア哲学者列伝』第六巻38）

これは作者不明の悲劇の中の台詞がもとのようだが、悲嘆に暮れる生活を送っていたかというとそうではなく、むしろ極貧の生活を是とするような生きかたを身につけた。ある時、子供が水を手で掬《すく》って飲むのを目にして、こう言ったという。

「なんて俺は馬鹿だったんだろう。必要のないこんなものを持ち歩いたりして」。こう言うと、水を汲む柄杓《ひしゃく》を投げ捨てた。

（セネカ『倫理書簡集』30, 14）

ディオゲネスの生きかたというのは、一言でいえば「持たないことが最善」ということになる。財産を持てば、それを失うことに憂慮しなければならないから、いっそ持たないほうがよい。つまり、必要なものを最小限に抑え、それによって心の満足を得ようとするものである。

ペロポネソス半島の北東にコリントスという町があるが、祖国を追われたディオゲネスはその近郊の森で暮らしていた。フランスの画家ジャン＝レオン・ジェロームに「樽の中のディオゲネス」（一八六〇年）というよく知られた作品があるが、ディオゲネスが暮らしたのは樽ではなく水甕《みずがめ》だった。陶器製の大きなもので、最初は小屋に住むつもりだったが、捨てられていた水甕をみて、これを住まいにしたのである。

そうして、コリントス近郊の森に風変わりな哲学者がいるという噂が立つようになったが、たまたまコリントスに来ていたアレクサンドロス大王が、それを聞きつけて会いにやって来る。アレクサンドロスは東方遠征の前に同地に赴いていたのである。乞食哲学者ディオゲネスと世界征服者アレクサンドロスとの出会いは当時においてもスキャンダラスな事件で、伝記作家や歴史家の注目を引いた。第一章でもふれた、エピクテトスの講義録をまとめたアリアノスもそのひとりで、両者の出会いをこう記している。

アレクサンドロス〔大王〕がイストモスで、日向ぼっこしているディオゲネスに会ったときのこと、盾持ちや近衛兵を伴って彼のそばに立つと、「なにか要るものはないか」と尋ねた。これに対して、ディオゲネスのほうは、「ほかにはなにも要らないから、日差しを遮《さえぎ》らないでくれ」と、彼とその従者たちに求めたという。

(『アレクサンドロス大王東征記』第七巻2)

ほかの伝承によると、この時アレクサンドロスは、「自分がアレクサンドロスでなければ、ディオゲネスでありたい」(プルタルコス『英雄伝』「アクレサンドロス伝」14)と言ったという。ディオゲネスがアレクサンドロスに対して言ったことについて、キケロが謎解きをしている。それによると、

自分には欠けるものがなにもないが、王には十分ということがないだろう。自分は王の快楽を熱望することはないが、王のほうは快楽に満たされることはけっしてない。

(『トゥスクルム荘対談集』第五巻92)

キケロが言う意味は、王は望みのものをいくらでも手にすることができるが、その欲望は際限がなく、「満ち足りる」ということがない。一方、ディオゲネスは水を汲むための柄杓と頭《ず》陀《だ》袋のみをかかえて、これでもって「みずから足りる」とした。その柄杓すら無用として捨てたのである。

ディオゲネスがみずからの生でもって示した自足の思想は、アリストテレスが想定したものとはおよそ異なっている。甕の中で暮らすディオゲネスの生きかたは、ポリス時代の哲学とは

また違った哲人の生きかたを示しているわけである。

ただ、キュニコス的生きかたというのは、生活に絶対に必要なものだけに切りつめていくことだとしたら、最後に残されたものは彼らにとって絶対に善きものとなるはずである。しかしキュニコス派にとってはそれらすら究極的なものではなかった。必要なものだけの生活は、やむをえず必要とされたものだけの生活であって、可能ならばそれらもなしにすむほうが願わしい。すなわちすべてを捨て去るということである。その点が後続するストア派とは根本的に異なっている。

自然に従って生きる

無一物で通すことがキュニコスにとって最も自然な生きかただったが、ストア派はそうは考えない。次に彼らの思想をみることにしよう。まず、ストア派の創始者であるキティオンのゼノンの言葉をみることにしよう。

幸福はそのためにすべてのことがおこなわれ、それ自体がおこなわれるのがなんのためでもないような目的である。〔中略〕ゼノンは幸福を「生が順調であること」と定義した。

（『初期ストア派断片集』Ⅰ 184）

出典はストバイオス（後四～五世紀）からであるが、ストア派の断片資料はアルニム（H. Arnim）が編纂した『初期ストア派断片集』から訳出する（以下、巻数と断片番号はこれに従う）。それはともかく、幸福を究極の目的とみなすこの定義はそれほど特別なものではないだろう。ではどのようにすれば幸福になれるのかについては、こう説明している。

ゼノンが言っている最高の善とは「自然に従って生きる」ことであった。

（『初期ストア派断片集』Ⅰ 179）

ここで「（自然に）従って」と訳したギリシア語はホモログーメノースで、「一致して」とか「和合して」のような意味であるが、ここでは「従って」と訳しておく。序章でも述べたが、日本人にとって「善」というのは、善いことをすると言うように、道徳的な意味で考えるのが普通であるが、ギリシア語で善に相当するアガトンはなにか役に立つもの、有益なものの意味で考えられていて、それは行為の目的ともなりうるから、ギリシア哲学では善と目的は重なる概念であると言える。

ゼノンは人が求めるべき善、あるいは、目的を「自然に従って生きる」ことだとしている。これはどういう意味だろうか。まず、ここでいう自然とは山川草木の自然の意味でないことは明らかである。自然と訳したギリシア語のピュシス（*physis*）、ラテン語のナートゥーラ（natura）は、むしろ「ものの自然本性」の意味に近い。したがって、この言葉の意味は、自然本性に一致するような生きかたをするということになる。

この点についてもう少しはっきりさせるために、『ギリシア哲学者列伝』にある説明をみることにしよう。

ゼノンは最初に『人間の自然本性について』の中で、〔人間にとっての〕目的は「自然に従って生きる」ことであると言ったが、これは「徳に従って生きる」ことにほかならない。なぜなら、自然は私たちを徳に向かわせるからである。

（ディオゲネス・ラエルティオス『ギリシア哲学者列伝』第七巻87）

徳とは何か

「自然に従って」もわかりにくいが、「徳に従って」もわかりにくい。なんだか、わからないものをわからないもので説明したようにもみえるが、少々我慢していただいて、ここで徳とは何かを説明しておこう。この「徳に従って生きる」という言葉はアリストテレスが使っていたものだが（『ニコマコス倫理学』第一巻第一〇章）、徳そのものはさらに古くホメロスにおいてすでに登場している。

徳と言うと、中国の儒教思想を連想するかもしれないが、徳と訳されるギリシア語はアレテーで、そのような連関はない。プラトンを読むと「目の徳」とか「耳の徳」といった表現が出てくるが（『国家』第一巻353B）、目や耳に道徳的なイメージを帰するのは滑稽であろう。ソクラテスがそこで目や耳の機能を説明していることからもわかるように、それぞれの事物や人が有する卓越性、優秀性の意味を含んでいる。同じくプラトンの『メノン』という小品を読むと、ソクラテスから「徳とは何か」と尋ねられた対話の相手のメノンが、男の徳は国家（ポリス）に関することをよくおこない、味方を利し、敵を害すること、女の徳は所帯をよく保って、家をよく管理することなど、徳の具体的な内容を列挙しているから（『メノン』71E）、おおよそのイメージをつかむことができる。そんなメノンに対して、ソクラテスはそうした徳の具体例ではなく、徳そのものは何であるかとさらに問いかけるのであるが、仔細は省くとしても、それぞれの働きにおいてよくおこなえば、徳があると考えられていることは間違いない。

徳はラテン語では「ウィルトゥース(virtus)」と言って、これが英語の virtue になるわけだが、語頭の vir はラテン語で「男」の意であるから、人間について使われるときには、男らしさ、つまり戦争で勇敢な行動をするとかいった男の強さに求められた。ホメロスで言えば、アキレウス(アキレス)などが代表的であろう。しかし、同じホメロスでもオデュッセウスのような英雄は、強いだけでなく、賢い、知恵が働くところに卓越性が考えられている。このように徳(卓越性)の内実もすでにホメロスの時代において一様でなかったと考えられるが、その後時代が下るにつれて、単なる武勇ではなく、正しい判断力をもつことのほうに力点が移っていく。

理性の役割

こうしてストア派は、自然に従って生きることは、徳に従って生きることだと考えた。これはどのような意味であるのか。人間の心(魂)の働きに踏み込んで、ストア派の思考にもう少し付き合ってみよう。

人間の心の中には、何が善で何が悪かを判断する部分がある。私たちは普通そのような部分を「理性」と呼んでいる。理性と訳されるギリシア語はロゴスであるが、ロゴスはラテン語ではラティオ(ratio)と訳され、これが英語のreasonとなる。ところが、ストア派における言葉の使いかたはもう少し複雑で、彼らは魂(心)の中心的な部分をロゴスとは呼んでいない。代わりに用いられるのが、「ヘーゲモニコン(*hegemonikon*)」という言葉である。これは文字通りなにかを導くものという意味なので、「指導的部分」と訳しておく。これについてはこんな説明がある。

魂(心)はいかにして感覚するものとなるのか。そして、魂の指導的部分とは何か。ストア派の人びとは、魂の最高の部分が指導的部分だと言っている。つまり、心像、承認、感覚、衝動をつくりだす部分のことである。

(『初期ストア派断片集』II 836)

この「指導的部分」という語は、後期のストア派でも頻出する。エピクテトスは『語録』(第一巻15, 4など)で一九回、マルクス・アウレリウスも『自省録』(第二巻2など)に二五回使っている。神谷美恵子訳では「指導理性」となっているが、改訂版では兼利琢也氏が丁寧に注記しておられる。これらの箇所を理解するためには、初期ストア派のゼノンやクリュシッポスを理解しておくことが必須となる。

プラトンやアリストテレスは、心の中に生じる葛藤とは、魂の異なる部分、すなわち理性的な部分と非理性的な部分との対立だと考えた。彼らは理性的な部分と対立する非理性的なものとして、欲望的部分と気概の部分(これは怒りを感じる部分)の二つを考えた。しかしストア派によれば、欲望的部分や気概の部分など存在しないのであって、人間の指導的部分は、その全体が理性的なものだと考えられている。細かいことを言うと、理性と指導的部分は同一ではない。ストア派の考えでは、動物を含めて生きものは、生まれるとすぐに自己保存の能力を働かせるが、指導的部分はその活動の中心となるもので、人間だけでなく動物ももつが、理性は成人した人間が所持するものだからである。指導的部分に対して、上から光を照らしてくれるのが理性だと考えればよいだろう。

ストア派の心の働きについての考えをもう少し具体的に説明してみる。犬が骨をみつけて、それに向かってまっしぐらに走っていくとしよう。いや、今の犬は骨など見向きもしないかもしれないから、ドッグフードを例にしてみよう。まずドッグフードが目の前にあるという情報が、感覚(アイステーシス)を通じて心の中枢に伝達される。感覚には視覚、嗅覚、聴覚、味覚、触覚があるが、そのいずれか、あるいはいくつかによって伝えられる。

感覚は指導的部分と別物ではなく、指導的部分の一部である。ちょうどクモが網を張りめぐらして、小さな生きものが近づいてくると感知するのと同じで、心の指導的部分も、心臓にあって感覚という網を使って対象を感知すると考えている（『初期ストア派断片集』II 879）。そして、感覚が伝達されると、そこに心像が生じる。

心像の原語はパンタシアーで表象とも訳されるが、本書では心像の訳語を用いる。要するに心に書き込まれた像のことである。犬は、向こうにあるものの形象や匂いによって、「これはドッグフードだ」と判断する。自分の知っているドッグフードと同じものだと判断するわけである。これを把握もしくは承認（カタレープシス）という。あるいは、もう少しむずかしい言い方で、「把握されうる心像についての承認（カタレープティケース・パンタシアース・シュンカタテシス）」とか言う。もちろんここで見誤ることもあるわけで、近づいてみると「なんだ、違うじゃないか」と気づいて、立ち去ることもある。これは事実と異なる把握、あるいは承認である。

しかし、ドッグフードだとわかると、それに向かっていく。これが衝動である。衝動は、原語がホルメーで意欲と訳す人もいる。衝動と意欲ではだいぶ違うようにも思えるが、なにかに向かって突進していくことを言う。なにかに衝動を感じると言うと、まったく受動的な働きのようだが、これも魂の指導的部分がつくりだすものである。ドッグフードならいいが、これが犬の嫌いなものだと、一目散に逃げ去る。これが反発(アポルメー)である。

以上、簡単にストア派の心の働きについての説明をみたが、その中心にあるのはいつも人間の「指導的部分」である。そして、指導的部分が理性に基づいて行動するときに妨げとなるのがさまざまな情念である。情念はギリシア語でパトスと言うが、これも衝動のひとつで、より正確には「自然に反する魂の動き、あるいは度を越した衝動」(『初期ストア派断片集』III 391)である。こうした情念には苦痛、恐怖、欲望、快楽などさまざまなものがある。こうした衝動をもたないようにするためには、心の鍛錬が必要になってくる。エピクテトスの『語録』を読むと、「訓練」の必要性が繰り返し説かれているが(第三巻第一二章[下巻73頁]など)、それは情念とそれが伴うさまざまな心像に打ち勝つためである。

こうした情念を克服すると、最後には情念に惑わされることがない状態に至る。これはギリシア語で「アパテイア」と言う。情念(パトス)がない状態のことで、このような境地に至った者がストア派の理想とする賢者である。

ストア派の人びとは、賢者は情念に陥ることがないために、情念のないもの(アパテース)であると言っている。(『初期ストア派断片集』III 448)

情念のない人間など、即身成仏を達成した僧ならいざしらず、本当に存在するのかどうか疑わしく思えてくる。初期のストア派はこの賢者の理想を力説するが、中期以降のストア派にはそのような傾向はみられず、むしろそれに至る過程のほうに重点がおかれるようになる。これについては後の章でみることにしよう。

適切な行為

話を徳論に戻そう。衝動によってなされる行為には、ふさわしいものもあればそうでないものもある。ふさわしい行為というのは、ギリシア語でカテーコン(複数形はカテーコンタ)と呼ぶが、ゼノンがはじめて哲学の概念としたものである。後年、キケロがこれをオッフィキウム(officium)というラテン語に訳すが、これが「義務」になる。キケロに『義務について(*De officiis*)』という著作があるが、文字通りの意味は「ふさわしい行為について」である。

ストア派によれば、ふさわしい行為は理性が人間になせと命じるものであるから、それについて理にかなった説明をすることができる(ディオゲネス・ラエルティオス『ギリシア哲学者列伝』第七巻107–108)。彼らが挙げている例をとりあげると、例えば「手足を切断する」というような行為である。むやみに手足を切断するのは愚かであるが、生命の維持のためにそれが必要なこともある。おもしろいのは、「小枝を拾い集める」というような行為は、ふさわしい行為でもふさわしくない行為でもないとされていることである(同巻109)。ふさわしい行為には「健康に留意する」ようなことも含まれているから、もし小枝を拾い集めることが健康の維持に役立つのであれば、これはふさわしい行為に分類されることになるだろう。つまり、「小枝を拾い集める」という行為は、有益性に関連するかどうかで違ってくるわけである。

このように考えてみると、「徳に従った行為」とは、なにも道徳的に立派なことをするというような意味ではなく、その者にとって有益、有用な行為であるということになる。本章の最初で、ゼノンが幸福とは「生が順調であること」にほかならず、それは「自然に従って生きる」ことであり、「徳に従って生きる」ことでもあると言っていた。ストア派にとって「自然に従って生きる」とは、キュニコス派が唱導したような、社会の制度や慣習を否定してありのままの自然な姿で生きることではない。キュニコスの生は動物的生を超えないのに対して、ストア派は理性を重要視する生きかたである。理性を働かせて、ふさわしい行為を模索するところに彼らの特色があったのである。

もっとも、理性を働かせると言っても、いかなるときにも過たないのは困難であろう。ストア派によれば、ふさわしい行為のうちで最も完全なものは「カトルトーマ」と呼ばれるという(『初期ストア派断片集』III 494)。カトルトーマの文字通りの意味は正当な行為ということであるが、これは簡単に言えば、どんな行為をしても過つことのない状態で、究極の段階であるが、これが右に述べたようなストア派の賢者である。

初期ストア派の哲人たちはこの賢者の理想を強調するが、その後のストア派哲学者たちは必ずしもこれに従っているわけではない。中期ストア派哲学者にパナイティオスがいる。彼はロドス島の人で、ロドス島は当時のストア派の拠点のひとつであった。また、前一四四年頃にローマに行っており、有力者の小スキピオ(前一八五／八四～一二九)の知遇を得ており、スキピオを中心とした文人たちのサークルができあがっていた。このパナイティオスの著作も散逸してしまったが、『義務について(*Peri kathekontos*)』というギリシア語で書かれた作品があったことがわかっている。キケロの右に挙げた『義務について』の第一巻、第二巻はこのパナイティオスの著作からの要約であるとみて間違いない。その中でこんなことを言っている。

われわれが生活をともにするのは、完璧で申し分のない賢者ではなく、むしろ徳に類似したものをそなえていれば、優れたおこないをするような人びとなのだ。だから、どんな人でも、わずかでも徳のあるところをみせるようであれば、無視されるべきではないことを理解せねばならない。

（キケロ『義務について』第一巻15, 46）

私たちが出会ったことのないような賢者のために哲学があるのだとすれば、そのような哲学は私たち一般の人間にはおよそ関わりのないものだということになる。先に述べたように、中期以降のストア派では賢者に至る中間段階と言うべき行為が重要となる。完全な徳ではなく、「徳に類似したもの」をも許容する哲学は、初期のストア派がもっていた厳格さをゆるめ、より人間的なものに近づいていると言えるだろう。ローマ時代のいわゆる後期ストア派における、セネカ、エピクテトス、マルクス・アウレリウスにみられる倫理学はまさにそのようなものであった。

エピクロス派のアウタルケイア

この章はアウタルケイアの議論から始めたが、ストア派のライバル学派であったエピクロス派についてもみておこう。エピクロスの著作はわずかに現存するパピルス断片を除くと、ことごとく失われたが、エピクロスが弟子に宛てた書簡が三通、ディオゲネス・ラエルティオスによって伝えられている。そのうちの一通である「メノイケウスに宛てた手紙」の一節に次のように書かれている。

われわれはまた自足(アウタルケイア)を大きな善と考えているが、それはどんな場合にもわずかなものですませるためではなく、多くのものを所有していない場合に、わずかなものですませるためである。

(『ギリシア哲学者列伝』第一〇巻 130)

少々わかりにくい表現をしているが、続いて語られている説明から、その意味が明らかになる。贅沢《ぜいたく》を必要としない人は、わずかなものでも贅沢なものとして満足しうるということである。エピクロスは贅沢な食事であるほど大きな快楽があたえられるとは考えていない。おいしいものを食べれば食べるほど、快楽は無限に増大するわけではなく、そこには限度がある。むしろ、粗末な食事であっても、飢えに苦しむ人が食すれば最大の快楽となりうる。

エピクロスは快楽主義者と言われる。ただし、快楽主義者としてはソクラテスの弟子であったアリスティッポス(前四三五頃〜三五〇頃)が有名であるが、エピクロスの場合にはそれとはだいぶ立場が異なっているようにみえる。右の書簡には続けて、こう書かれている。

快楽が〔人生の〕目的であると言うときに、われわれが意味しているのは、われわれの説を知らずに同意しない人びとや悪意をもって受け取っている人びとが考えているような放蕩者の快楽や性的な享楽の中にある快楽のことではなく、身体に苦痛がなく、魂に動揺がないことである。

(『ギリシア哲学者列伝』第一〇巻131)

アリスティッポスは北アフリカのキュレネの出身で、キュレネ派と呼ばれた彼の学派が純然たる肉体的快楽を善としたのに対して、エピクロスの場合には、いわば「素面《しらふ》の思考(ネーポーン・ロギスモス)」が重要であった。つまり、なにかを選んだり忌避したりするときの原因を突きとめ、魂に極度の動揺をもたらすような、さまざまな思惑を追い払うことにほかならない、と考えられている(同巻132)。単なる享楽を求める立場とはむしろ正反対なのである。

エピクテトスが『語録』の中で、エピクロスを「肉」の哲学者として一蹴している(第一巻20[上巻125頁])のをみると、エピクテトスが当時は存在していたはずのエピクロスの著作を本当に読んだのだろうか、と疑問に思えてくる。彼の時代にはストア派の学校とエピクロス派の学校が並存していたから、ライバル意識は当然あっただろうが、それにしても不思議である。

これとは対照的に、セネカは『倫理書簡集』の中で幾度となく、しかもしばしば好意的にエピクロスを引用しており、幅広く読んでいたのがわかるし、ストア派ではないがキケロの哲学的著作をみても同様のことが言える。

そうしたことは別として、案外近似しているように思われるストア派とエピクロス派との哲学的見解の違いはどこにあるのだろうか。

エピクロスは幸福を心の平静のうちに求めた（『ギリシア哲学者列伝』第一〇巻128）。ポリスという単位が有名無実化していくヘレニズム時代にあって、人びとの関心は政治よりも、むしろ個人の心のほうに向けられていく。哲人たちの思想は、ストア派でも懐疑派でも、エピクロス派でもこの点では共通しているが、エピクロス派の場合には、特に公の場に出るよりも、私的な交際を好んだと言われている。エピクロスの有名な言葉に、「ラテ・ビオーサース」（プルタルコス『「隠れて生きよ」について』1128A）というのがある。文字通りには「人に気づかれずに生きよ」の意味であるが、一般には「隠れて生きよ」と訳される。地位や名声を得ることは快いが、しかし同時に不安にさいなまれることにもなる。ならば、それらを追求せず、むしろ遠ざけることによって心の安らぎを得るのがよいということである。

エピクロスの快楽主義で最も重要なのは、いかにして快楽をコントロールするかにある。幸福を快楽に満ちた生とするのは彼だけである。

われわれは、快楽を幸福に生きることの始まりであり終わり〔目的〕であると言う。なぜなら、快楽こそ第一の生得的な善であると認めているからである。

（『ギリシア哲学者列伝』第一〇巻 128–129）

快楽はどのようなものであれ、それ自体は善いものである。この点で快楽には善いものと悪いものがあるとしたほかの哲学者たちとも、快楽そのものには善も悪もないとしたストア派（これについては第三章で述べる）とも異なっている。エピクロスは「生得的」という言葉を使っているように、われわれは生まれつき快楽をもたらすものを追求し、苦痛をもたらすものを忌避するようにプログラムされていると考えるわけである。ただし、目の前にある快楽を追求するだけで事が終わるわけではない。彼は続けて次のように言っている。

快楽が第一の生得的な善であるからといって、すべての快楽をわれわれが選択するというわけではない。むしろ、それらの快楽からより多くの不快なことが続いて生じるときには、多くの快楽を見送るようなときもある。また、長い時間にわたって苦痛を耐え忍ぶことで、より大きな快楽がわれわれに生じる場合には、多くの苦痛のほうを快楽よりもより善いものだとみなすのである。

（『ギリシア哲学者列伝』第一〇巻 129）

つまり、私たちの人生の目的になるのは「放蕩者の快楽や性的な享楽の中にある快楽」ではないとエピクロスは言っていたが、それはこれらが快楽（つまり善いもの）ではないからではなく、魂（心）に動揺を結果としてもたらすから、あえて選ばないのである。逆に、より大きな快楽が後に生じるならば、あえて苦痛にも耐え忍ぶことになる。これは虫歯で歯を抜くとか、病気に侵された身体の部位に手術を施すなどの例を考えれば、容易に理解しうるであろう。

明らかにエピクロスはここで二種類の快楽を区別していている。例えば、空腹時に食べ物を食べることで、お腹を満たせば、空腹という苦痛を沈静化することができる。その時の快楽は動的な快楽である。これは食べるという行為に付随する快楽であるが、このプロセスからはまた苦痛が完全に欠如した心の状態が生まれ、人はその境地を楽しむことができる。こちらはむしろ静的な快楽である。この快楽に二種のものをみるという点において、エピクロスの思想は彼に先行したキュレネ派の快楽主義とも異なっていることになる。

エピクロスの現実主義

ディオゲネス・ラエルティオスが伝えるところでは、アリスティッポスを中心とするキュレネ派は、瞬間的な身体的快楽を最大の快楽とした。エピクテトスはエピクロスを「肉」の哲学者だと断じたが、これは的外れで、攻撃の対象はむしろキュレネ派にあったと言うことができるだろう。アリスティッポスにはこんな言葉があったとされている。

現在だけがわれわれのものであり、過去も未来もわれわれのものではない。前者は滅びたものであり、後者はそうなるかどうかは不明であるから。

（アイリアノス『ギリシア奇談集』第一四巻6）

ここで「現在」と訳したギリシア語は「ト・パロン」で、文字通りの意味は「現にあるもの」のことである。私たちは現在しかもたないが、これを強調すると現実主義になる。アリスティッポスは現在のこの瞬間的な快楽のみを認めたが、これに対してエピクロスのほうは過去にも未来にも目を向けていると言うことができる。目を向けるのは、身体ではなく魂（心）である。したがって、エピクロスの場合には、身体的な快楽よりも魂の快楽のほうがより大きく、したがってより重要となる。

もっとも、私たちが「ト・パロン」しかもたないことは事実である。私たちは過去を所有しない。所有するのは過去(過ぎ去ったこと)についての記憶、思い出だけであるが、これは現在に属する。私たちは未来を所有しない。所有するのは、おそらくこうなるであろうという予測や期待である。しかし、これも現在に属する。その意味では私たちは現在しかもたないのである。

現在のみに目を向けよというアリスティッポスの主張には人を納得させるものがある。過去のことにくよくよしても仕方ないではないか。未来のことに思い悩んでも無駄であろう。よく言われる「今ここで(hic et nunc)」生きるというような主張は、このような現実主義に基づいている、と言えるだろう。

ただしエピクロスの立場も、このような現実主義と異なるとは簡単には言えない。彼の「死」についての考えかたには、同様の現実主義が顔を出してくる。次章ではまずこの点の検討から始めて、ストア哲学の「意志」の問題を考えていくことにしよう。

第三章　自由に至る道を探す

——意志と自由

「汝自身を知れ」
聖グレゴリオ修道院出土のモザイク画(後３世紀)

強さをどこに見出すか

前章で徳の話をしたときに、英雄アキレウスのような男としての勇敢さ、オデュッセウスのような知略など、人間の卓越性もいろいろな面から考えられることにふれた。徳を表すラテン語のウィルトゥースは、男を意味するウィルに由来するから、まずは男性的なこと、男らしさを、そこから強さ、勇気などの意味合いを含んでいる。徳(卓越性)を人間の強さというところで考えれば、なにかの勝負において負けないことである。これが戦場や競技の場合には相手が人間だから、力さえあれば負けることはないだろうが、相手が貧困とか病気とかである場合には、これらに打ち勝つことはなかなかむずかしくなる。

さらに死というものが相手だと、いつかは絶対に負ける。死といっても、病死とは限らない。戦争において窮地にあるときや、昔なら専制君主がいて死を命じられるようなときもある。これを免れることができればよいが、選択肢が死しか残されていない場合にはどうなるのか。死に耐える、死を恐れない、死に直面してたじろぐことがないようにするには、どうすればよいのか。「死」の問題は、プラトンの『パイドン』においてソクラテスが論じて以来、つねに哲学の問題であった。

「メメントー・モリー(memento mori)」というラテン語がある。「死を忘れるな」の意味である。古代ローマでは、将軍が勝利を祝う凱旋式で、増長して神々の怒りを買わないように、自分の背後に奴隷を立たせ、「お前の後ろを顧みよ。自分が人間であることを忘れるな。死ぬことを忘れるな(Respice post te! Hominem te esse memento! Memento mori!)」とつぶやかせて行進する風習があった(テルトゥリアヌス『護教論』33, 4. エピクテトス『語録』第三巻第二四章〔下巻167頁〕にも言及がある)。セネカの「私たちは日々死につつある(cotidie morimur)」(『倫理書簡集』24, 19)という言葉も同様のものとみてよいであろう。

私たちの日常の生活の中で、自分の死を意識しながら生きるというのは、古代の哲人たちが遺《のこ》した知恵である。ギリシアのデルポイにあったアポロンの神殿に書かれていたという例の箴言、「汝自身を知れ(グノーティ・サウトン)」というギリシア語も、人間が「死すべきもの」であることを忘れるなという意味である。ローマのアッピア街道沿いの聖グレゴリオ修道院から出土したモザイク画には、この箴言の上に骸骨が描かれている。この修道院はローマの貴族の別邸を改築したもの(後六世紀)で、モザイク画のほうは明らかにそれよりも古く、修道院とは直接の関係はない。今日ではローマ国立博物館に所蔵されている。

自分の死のほかにも、私たちを悩ませる貧困、老衰、病気などをどう考えるかは、私たちにとって切実な問題であるが、これらは社会の問題でもあるとも言える。社会制度の改革によって、より暮らしやすい社会を構築する努力がされている。私たちの悩みの多くの部分は、これによって解消されるであろう。しかしながら、迫りくる老年や死にどのように対処するかは、私たち個々人の問題でもある。そういう問題に対しては、戦いにおいて相手に勝つというのとはまた違った強さが求められることになる。

死について言えば、私たちは貧困、老衰、病気を経験できても、自分の死を経験することはない。いつも他人の死をみて、自分の死を推測するだけである。身内や友人の死をみとどけることで、いつか自分を襲うであろう死を覚悟するのである。私たちは死に対してどのような態度をとるのか。エピクロスは、私たちが自分の死に対して恐怖を抱くのは愚かであると考えた。つまり、私たちが生きているときは、その私たちにとって死は存在しないし、死が存在するときには、私たちはもはや存在しないのだから、「死はわれわれにとってなにものでもない」(ディオゲネス・ラエルティオス『ギリシア哲学者列伝』第一〇巻125)ということになる。けれども、人は自分の存在を保ちながら死を経験することはないとしても、そのことは死が私たちと無関係であることを意味するわけではないだろう。

貧困、老衰、病気、死を相手とする場合の強さとは何であるのか。これについて古の哲人たちの語ったことをこの章ではみることにしよう。

無常観

ニヒリズムという言葉がある。日常においてあたりまえと思っていた生が、突然に無意味のように感じられると、虚無的な気分に襲われる。そういう人生の無意味をどう克服するかの中で、ニヒリズムが出てくる。ニヒリズムについてはニーチェの思想と結びつけられることが多いが、森鷗外の『食堂』という短篇を読むとロシアの作家ツルゲネフと関連づけられたりしている。しかし、その出発点となる無常観は、なにも西洋の近代に限ったものではなく、古代にも東洋の日本にもあった。わが国では「泡沫《みつぼ》なす仮《か》れる身そとは知れれどもなほし願ひつ千歳《ちとせ》の命を」(『万葉集』巻20–4470)の大伴家持の歌や、『方丈記』の冒頭にみえる無常観がよく知られている。同じものを西洋の古代に探すとルキアノス(後二世紀)の次のような一節がある。

人とその一生を何に喩えてみればよいか、ひとつ語ってみましょう。流れ落ちる水流に浮かぶ泡沫をみたことがあるでしょう。〔中略〕小さなものは壊れてたちまち消えてしまう。

あるものはもう少し長く続き、あるものはほかの泡とひとつになって大きく膨れあがるが、やがては壊れてしまいます。これが人の一生なのです。

（ルキアノス『カロン』19）

これは冥府の渡し守である老人カロンの言葉である。人間とその生のはかなさを表すものには、ほかに「エペーメロス」というギリシア語がある。「一日だけの、短命の」の意味の形容詞だが、アリストテレスによれば、黒海に流れ込むヒュパニス川には夏至の頃にこの名の虫がいて、葡萄の実よりも大きな袋状のものが流れてくると、これが割れて翅《はね》が生えた四足の生きものが生まれ、夕方になって陽が沈むとともに死んでしまうという（『動物誌』第五巻第一九章）。この形容詞はエウリピデスの悲劇に「現世の幸福は確かなものではなく、つかの間のもの（エペーメロス）」（『フェニキアの女』558）など、はかない世を憂《うれ》うる言葉として用いられることが多い。アリストテレスが紹介している虫のほうは、文字通りには「一日虫」であるが、日本の蜻蛉も同様な意味で用いられることがある。『源氏物語』宇治十帖にある、薫の「ありと見て手には取られず見れば又ゆくへも知らず消えし蜻蛉あるかなきかの」（『蜻蛉』）と慨嘆する言葉などがそうである。

ピンダロスの『ピュティア祝勝歌』にも「はかなきものどもよ。人とは何であり、何でないのか。人は影の夢」(第八歌最終連)というよく知られた言葉があるが、古代ギリシア人の厭世観は、とりわけ古典期以前のアルカイック期にみられ、そのひとりメガラ出身の抒情詩人テオグニスの作品には、次のようなよく知られた一節がある。

地上の人間にとりてなによりの善は生まれぬこと
　まばゆい陽の光を目にせぬことだ。
だが、生まれたら、一目散に冥府の門をくぐり
　堆《うずたか》く土を盛り上げてそこに横たわることだ。
(『エレゲイア詩』425–428)

ソポクレスの悲劇『コロノスのオイディプス』の中のコロスの歌(1224–1227)にも、これとまったく同じ内容のものが見出される。アリストテレスの失われた対話篇『エウデモス』によれば、この言葉は小アジアのプリュギアの伝説的な王であったミダスが、半獣の山の精シレノスを捕らえて、「人間にとって最大の善とは何か」と尋ねたときに、シレノスが答えたものであったという(『エウデモス』断片6 Ross)。このような厭世的な思想がどこから出てきたのかについては、イギリスの古典学者ガスリーが、ヘシオドスにみられる「黄金時代」(かつての理想の

時代)と関連づけ、堕落した鉄の時代(当時の現代)における嘆きを表したものだろうと推測している(W. K. C. Guthrie, *In the Beginning: Some Greek Views on the Origins of Life and the Early State of Man*, 78)。もっとも、古代ギリシア人がその人生観においてまったく悲観的というわけでなかったことは、かのプロメテウス神話において、プロメテウスが人間に火をもたらし、それによって人間は技術というものを得て、そのことから人類の無限の可能性が引き出された、という神話からもわかることである。こうした厭世観はギリシアでは古い時代からの遺産として受けとめられていた。

カルペー・ディエム

人生の無意味というような不安に耐えるには、私たちはどのように対処すればよいのか。ひとつの生きかたとして、「カルペー・ディエム」という西洋人ならだれでもよく知っている言葉がある。文字通りには「今日の実りを摘み取れ」というような意味で、要するに「今日を楽しめ」ということである。これはローマの詩人ホラティウス(前六五〜前八)の作品の中に出てくる。

こうして喋《しゃべ》っている間にも、時が容赦なく過ぎていくだろう。
明日のことは微塵《みじん》にも信をおくことなく、今日を楽しめ。（『歌集（カルミナ）』第一章11）

過去のことはくよくよするな、明日のことはわからない。ならば、今を楽しく生きようじゃないか。同様の考えは、ギリシアの抒情詩人たちの歌にも出てくる。「俺には今日が大事だ。明日のことなど誰が知ろうか」（『アナクレオン風歌集』8）もそのひとつである。これは第二章に述べたアリスティッポスの現実主義的な考えかたを一般的に言い換えただけのものであるが、この生きかたは見た目ほど容易ではない。私たちの日常には、楽しみようのない苦しいこと、辛いことがある。楽しいときには笑っても、いつでも笑みを浮かべて暮らすのはなかなか困難である。知人や家族に死者が出て、それでも笑って過ごそうと言うのは、狂気のさたのように思われる。悲しいときには涙を流すのが自然である。それをあえて楽しく生きるのには、強い意志が求められる。

エピクロスの快楽主義にもこれと同様の現実主義的な考えがみられる。しかし、その彼も臨終のさいには、排尿困難の病気に冒されていたが、弟子に宛てた手紙において、「わが人生において幸福な最後の日々を過ごしながら、君たちに書き記す」（ディオゲネス・ラエルティオス

『ギリシア哲学者列伝』第一〇巻22)として、友人たちと過ごした過去を回顧しながら、死を前にしたひと時を精神の喜びに満ちた幸福な日々だと述べている。快楽主義は、その名のイメージからほど遠く、このような一種の達観、あるいは精神の強さが求められるのである。

ニール・アドミーラーリー

もうひとつの生きかたは、これと対照的だが、人生の無常をそのまま受け入れるものである。ニヒリズムについては右に述べたが、虚無を虚無として、これを肯定的に受け入れるのがニヒリズムだとすれば、この立場はニヒリズムに近いところがある、と言えるだろう。人生にあるさまざまな悪、苦しみ、悲しみをそのまま受け入れて、希望とか期待をもたない生きかたが考えられる。簡単に言えば、絶望的な態度に徹する強さのニヒリズムである。

「ニール・アドミーラーリー(なににも驚かない)」という言葉があって、これはラテン語であるが、夏目漱石の『それから』や森鷗外の『舞姫』などにも引用されているから、ご存じの人もいるだろう。実はこれもホラティウスの作品に出てくる言葉である。

なににも驚かないこと、これこそがヌミキウスよ、人を幸せにして、これを保つほぼ唯一無二の方策だ。
あの太陽、星辰《せいしん》、時を定めて移ろいゆく四季を
なんの恐れも抱かず眺めやる人もいる。
大地の賜物や遥《はる》かなるアラビア人やインド人を
富ませる海の賜物をどのようにお思いか。
ローマの市民が喜ぶお芝居や拍手喝采をどのように、
どんな気持ちで、どんな顔で眺めるのがよろしかろう。
これらとは反対の不幸を恐れる人もいて、求める人と
同じように驚くのだ。いずれにしても、不測の事態が
出来《しゅったい》して震駭《しんがい》させると、たちまち不安に苦しむこととなる。

（『書簡詩』第一巻6, 1–11）

人は偶然の出来事に一喜一憂し、そのために心が安まることがない。それならば、いっそのことなにが起ころうとも驚かないことだ。これが人生を生きるための知恵となる。「なににも驚かない」という言葉はギリシア語では「メーデン・タウマゼイン」と言って、ピタゴラスの言葉だと言う人もいるし、原子論哲学者のデモクリトスに帰する人もいるが、とりわけストア

派と結びつけられることが多いのは、彼らが心の動揺がないことを哲学の目的とするからであろう。

どんなことでも予期している者にはその分だけ打撃は少ない。

（セネカ『賢者の平常心について』第一九章3）

これから起きるかもしれない不測の事態を前もって予測しておけば、打撃は少なく動揺も起こらないだろう。これはストイックに生きるための技法のひとつとなる。もうひとつ例をエピクテトスの『語録』から挙げてみよう。

君がなにかを楽しんでいるときには、それと反対の心像を思い描くことだ。君が子供にキスをしている最中に、「お前は明日死ぬかもしれない」とつぶやいて何が悪いのか。友人に対しても同様で、「君か私が明日この地を去って、もう二度と互いに顔をあわせることはないだろう」とつぶやいて何が悪いのか。

（『語録』第三巻第二四章［下巻167頁］）

哲人皇帝のマルクス・アウレリウスも『自省録』(第一一巻34[227頁])においてこの言葉に賛意を示している。セネカはほかにも、「周囲にあるものが自分のものだと思って満足しているが、それらは借り物でしかない」(『マルキアへの慰めの手紙』10, 1)と、これとよく似たことを語っている。美貌や健康が失われると悲しまざるをえない。しかし、そうしたものが本来自分の所有でないことに気づけば、悲しむことはないわけである。人生において苦しまぬようにするために、自分の支配の外にあるものに期待するなというのがこの思想の神髄である。

ストア派に関する啓蒙書を著しているアーヴァインは、ストア派のこの生きるための技法を「ネガティヴ・ヴィジュアリゼーション(negative visualization)」と呼んでいる(W. B. Irvine, *A Guide to the Good Life: the Ancient Art of Stoic Joy*, 65[邦訳71])。なにごとであれ前もってネガティブに考えておけということである。しかしながら、アーヴァイン自身が注意しているように、このネガティブという言葉は消極的という意味を含意するために誤解を招きやすいものである。人生において直面することは、なんであれ自分の思うようにはいかないものだから、最初から諦めておくのがよい。例えば、試験の合否である。合格したはずだと思っていて、実際には不合格であれば落胆は大きい。しかし、前もって不合格を予想しておけばショックを受けなくてもすむだろう。

これはストア派が勧めるストイックに生きる技法を誤解したものである。右に挙げたセネカの『マルキアへの慰めの手紙』は、マルキアという女性が息子を亡くして悲しみと絶望に打ちひしがれていたときに、セネカがあたえた助言の手紙である。愛するものを失うことはたしかに悲しい。泣けばよいが、しかしいつまでも悲しみにとらわれていてはいけない。それはなぜか。私たちにあたえられ、所有しているものは、いつか返却を義務づけられた一時的な借り物でしかない。子供であれ、なんであれ、そのものが永久に自分のものであるという約束はまったくないのだ。

つまり、ストア派の思想が教えるのは、自分の所有するものがいつまでも自分のものではないことを自覚せよということである。愛することそのものを否定するわけではない。愛しい者と親しく交わるのはそれでよいが、その交わりにはいつか終わりが来ることをつねに考えよ、ということなのである。エピクテトスのほうは同じことをもっと厳しい口調で語っている。

自由と呼ばれるもののために、首をくくる人もいれば、断崖から身を投げる人もいる。時には都市がまるごと滅ぶことだってあるのだ。真実の、人を欺くことのない、堅固な自由のために、神があたえたものの返却を求められたとき、それを返そうとはしないのか。プラトンが言っているような〔『パイドン』67E〕、死の練習をするだけでなく、拷問にかけられ、追放され、鞭打たれる練習を、要するに、自分のものでないものを返却する練習を積むのだ。

（『語録』第四巻第一章〔下巻234頁〕）

エピクテトスの右の一節は「自由について」という表題で、『語録』で最も長い章に出てくる。本来自分のものでないものを、自分にとって「外的なもの」とみなすことで、精神の自由を得る。これがエピクテトスをはじめとするストア派の考えかたであるが、これについてもう少し詳しくみることにしよう。

われわれの力の及ぶものと及ばないもの

まず、アイリアノスが師のエピクテトスの思想をまとめた『要録』の冒頭には、こう書かれている。

物事のうちで、あるものはわれわれの力の及ぶものであり、あるものはわれわれの力の及ばないものである。「判断、衝動、欲望、忌避」など、一言でいえば、われわれの働きによるものはわれわれの力の及ぶものであるが、「肉体、財産、評判、官職」など、一言でいえば、われわれの働きによらないものは、われわれの力の及ばないものである。そして、われわれの力の及ぶものは本性上自由であり、妨げられも邪魔されもしないが、われわれの力の及ばないものは脆弱で隷属的で妨げられるものであり、本来は自分のものではない。

（『要録』1［下巻360頁］）

エピクテトスが哲学に求めたのは、「人はいかにして精神の自由を得ることができるか」という問いに尽きている。右の言葉に彼の哲学の本質的なところが要約されている。まず、「われわれの力の及ぶもの」とは何であるのか。ギリシア語では「エプ・ヘーミン」と言うが、*epi*（エピ）というのは前置詞で「〜の上に」の意味、これに*hemin*（ヘーミン）という「われわれ」の意の人称代名詞が続く。細かいことを言うと、ギリシア語は母音の連続を嫌い、しかもh音が連続すると字母が変化して*eph'hemin*のかたちになる。文字通りには、「われわれの上に」であるが、「われわれの意のままに、われわれ次第」というような意味合いを含んでいる。

アリストテレスの説明

この表現を哲学用語としてはじめて用いたのはアリストテレスである。『ニコマコス倫理学』(第三巻第二章)において、人間の行為を説明するところに出てくる。行為というのは、自発的行為と自発的でない行為に分かれる。つまり、自分からなにかをするか、しないかである。ここでさらに、「選択(プロアイレシス)」された行為かどうかでまた区分される。選択された行為はすべて自発的行為だが、自発的行為のすべてが選択された行為ではない。例えば、動物には選択的な行為はない、とアリストテレスは言う。犬がドッグフードに向かうのは、自分から行くから自発的行為だが、その行為を選んだわけではない、というわけである。

それでは、選択とは何か。アリストテレスによれば、願望は目的に関わるが、選択は目的に至る手段に関わるという。例えば、「幸福であることを望む(願望)」は正しいが、「幸福であることを選ぶ(選択)」は正しくない。このように願望と選択は区別されるべきものである。私たちは自分の好きなアスリートが試合に勝つことを望んでも、試合に勝つことを選ぶことはできない。逆に言えば、人は自分にできることを選ぶということである。ここで右の用語が出てくる。

一般に、選択は「われわれの力の及ぶもの」に関わっている。

（アリストテレス『ニコマコス倫理学』第三巻第二章）

選択は「思いなし」とも異なる。思いなしの原語は「ドクサ」で、なにかを心に思い浮かべることを言う。アリストテレスが使っている例ではないが、絵や写真をみて、この人と結婚したいなと思う、とする。だが、その人物が今この世にいる人でなければ、その人との結婚を思うことはできるが、選ぶことはできない。選択するのは、いつでも私たちの力の範囲内にあることだけである。

アリストテレスはさらに進んで、選択とはあらかじめ熟慮されたことに基づいて、これを道理や思考を伴いながら欲求することだ、というような説明を続けているが、私たちにはこのあたりで十分であろう。この説明と先ほどのエピクテトスの言葉を比較してみると、アリストテレスにはある重要な点が抜けている。それは、「自由」ということである。エピクテトスが求めた精神の自由という観点が、そこには語られていないのである。したがって、エピクテトスがアリストテレスの議論を読んで、このようなことを言っているのではないように思われる。それでは、それはどこから来たのか。

精神の自由

エピクテトスの「われわれの力の及ぶもの」は、人間の自由意志と運命との関連で出てきている。これはヘレニズム時代の哲学において重要な問題であった。特に、ストア派は運命の存在を認めたから、これを厳密にとれば、人間の自由な行為は不可能だということになる。つまり自由と思ってやったことでも、すでに運命によってその行為は決定されていたかもしれないのである。

ところで、アリストテレスの学派は、リュケイオンの学校で散歩しながら（ペリパテイン）哲学を教えたということからペリパトス派（文字通りに訳せば、逍遥学派）と呼ばれる。アリストテレスの著作が、長い間にわたって日の目をみず、ようやく前一世紀になって著作集として刊行されたという経緯もあって（第一章参照）衰退していたが、後三世紀初頭になってようやく復興の兆しがみえてくる。この時の中心人物が、アプロディシアスのアレクサンドロスである。『アリストテレスの「形而上学」注解』など、ギリシア語で書かれた膨大な注解書をいくつか遺しているが（ただし、一部は擬書）、ほかにもいくつか重要な著作があって、そのひとつが『運命について（*Peri Heimarmenes*）』である。この著作の中に、運命論との関連で「われわれの力の及ぶもの」という言葉が出てくる。

この書物が収めるのは、「運命」と「われわれの力の及ぶもの」に関してアリストテレスが抱いていた見解である。（アプロディシアスのアレクサンドロス『運命について』164）

実際には、アリストテレスの著作の中で、「われわれの力の及ぶもの」を運命との関連で述べた箇所はない。むしろ、アリストテレスが実際に用いた言葉に仮託して、自由意志と運命との関係という文脈の中で新たに登場させているのである。このアレクサンドロスはエピクテトスよりも後の人であるけれども、ヘレニズム時代以降の哲人たちは、しばしば運命論の是非を論じたから、そうした議論の中でこの「われわれの力の及ぶもの」が私たちの行為の自由を保証する言葉として用いられたと考えうる。運命と自由という問題については次章で詳しくみることにして、ここではエピクテトスの議論の続きをみることにしよう。

先に引用した『要録』の冒頭箇所で、私たちがもつ判断、衝動、欲望、忌避は「われわれの力の及ぶもの」として、意のままになるが、肉体、財産、評判、官職は力が及ばない、つまり意のままにならないものとされた。自分についての評判や官職は別としても、自分の体や財産は意のままになるように思われるが、考えてみれば、体や財産がこうあってほしいと思っても、なかなか思うようにいかないことはよくあるだろう。しかし、判断、衝動、欲望、忌避は心の問題だから、これらは思うようにできることは間違いない。

エピクテトスは、自分の行為の対象を私たちの力が及ぶものに限って、他人が介入できないその世界において、精神の自由を見出そうとするわけである。たいていの人は自分の周囲の世界を変えようとするが、エピクテトスが勧めるのはむしろ自分自身を変えることである。けれども、それはどのような意味においてなのか。もう少し彼の言うことに耳を傾けてみよう。

私たちの力が及ばないものは「外的なもの」とも呼ばれる。つまり、自分の体であっても、自分の外なるものなのである。よく誤解されたりするが、これらのものは私たちと無関係なのではない。つまり、エピクテトスの哲学は、挫折を恐れて外的なものに関わらないことを勧めるものではない。と言うか、人間であるかぎり、関わらないわけにはいかないであろう。

問題はどう関わるかにある。序章で述べた哲学の勧め(プロトレプティコス)と同じ論理がここで働いてくる。そこでは、幸福である条件として、裕福であること、健康であること、美しいこと、などが数え上げられていた。しかし、これらは一般に幸福の条件とされているが、これらの条件をもっているだけでは十分でなく、さらにそれらを正しく用いなければならない、とソクラテスは言っていた。用いかたを誤れば、利益を得たことにはならないわけで、そう考えると、一般の幸福のための条件とされるものはそれ自体では善でも悪でもなく、用いかた次第で善悪が決まるわけである。ストア派はこの考えかたを継承している。

人はいかにすれば幸福であることができるのか。巨万の富、体の健康、高い地位を得れば幸福であることができるのか。ストア派のこれに対する答えは否である。一般に幸福である条件とされるものは、それ自体として善でも悪でもない。このことをギリシア語で「アディアポラ」と言う。文字通りには「区別なし」の意味の形容詞であるが、よく善悪無記という訳語があてられる。無記はもともと仏教の言葉で、明確な答えが出ないことを言うが、ストア派の立場を表現するのによく用いる。

「物事のうちで、あるものは善であり、あるものは悪であり、あるものは善でも悪でもないものであり、したがって徳や徳にあずかるものは善であるが、それと反対のものは悪であり、富と健康と名声は善でも悪でもないのである」。(『語録』第二巻第九章[上巻228頁])

ここのギリシア語の校訂テキスト(H. Schenkl, *Epicteti Dissertationes ab Arriano Digestae*)をみるとゲシュペルトで印刷されている。ドイツ語風に字間をあけて強調した組み方である。もちろん、もとの写本にはそんなものはないのだが、校訂者がこの文をストア派の正式の見解とみたためである。同様の見解は、ディオゲネス・ラエルティオスの『ギリシア哲学者列伝』（第七巻101–102）におけるストア哲学一般を概説的に述べた箇所にも語られている。

意　志

善でも悪でもないものには、富、健康、名声のほかに、生、死、快楽、労苦なども挙げられている（『語録』第二巻第一九章〔上巻297–298頁〕）。これらは徳を伴ってはじめて善きものとなる、というのがストア派の見解であるが、エピクテトス自身は徳という言葉を初期のストア派ほど用いていない。その代わりに、彼が好んで用いている言葉は「意志」である。

実は、これはアリストテレスの議論で「選択」と言っていたのと同じ語で、ギリシア語でプロアイレシスと言う。文字通りには、「先んじて（プロ）とること（ハイレシス）」という意味で、エピクテトスの場合には自由との連関で用いられるので、英語では will と訳す人もいれば、アリストテレスとの関連を失わないように moral choice と訳す人もいるが、ここではあえて「意志」の訳語を用いる。古代ギリシア哲学には「意志という概念はなかった」と指摘されることがあるが、こうした議論は意志という言葉で何を意味しているかで異なってくるから、しばしば不毛な議論に陥ることが多いので、ここでは立ち入らない。いずれにせよ、デカルトなど近代の哲学では、意志はラテン語のウォルンタース(voluntas)などの言葉で表現されているが、エピクテトスの言葉の使いかたには、ギリシアの古典時代における「選択」から近代の「意志」につなげる面がある(この問題については、ドビン〈R. Dobbin, “προαίρεσις in Epictetus”〉やカーン〈C. H. Kahn, “Discovering the Will: From Aristotle to Augustine”〉が詳しく論じているので、巻末の参考文献一覧を参照されたい)。

初期ストア派では、魂のもつ感情やそれに伴う行動を説明するのに、意志という言葉はほとんど出てこない。したがって、エピクテトスはこのアリストテレス的な概念をなんらかのかたちで継承して、ストア哲学の感情論に適用した哲学者であると言っても過言ではないだろう。

意志はつねに「われわれの力の及ぶもの」を対象にする。したがって、意志だけは、どのような状況にあっても、「妨げられず、強制されることもない」(『語録』第一巻第一七章[上巻 109頁])。そこに人間の自由がある。

私を縛るのか。君は私の足を縛るだろう。だが、私の意志はゼウスだって支配することはできない。

(『語録』第一巻第一章[上巻 25頁])

『語録』には、ネロ帝の暗殺計画に加わった人が斬首された話が出てくるが、これについてエピクテトスはこう言っている。

それでは、このような場合に何が自分の手元にあるのだろうか。何が私のものであり、何が私のものではないのか、何が私には許されており、何が私には許されていないのかを知ること、これ以外に何があるだろうか。

私は死ななければならない。しかしだからといって、嘆きながらそうせねばならないというのではないだろう。縛られねばならない。しかし、悲しみながらというのではないだろう。追放されねばならない。だからといって、笑いながら機嫌よく心にゆとりをもってそうされるのを妨げる人がいるというのではないだろう。

（『語録』第一巻第一章［上巻24頁］）

これはみようによっては、やせ我慢の哲学ともとれる。たわわに実った葡萄を腹を減らした狐がとろうとするが、どうしても届かないので、「まだ熟《う》れていないんだ」と言って立ち去ったという、イソップの話(『イソップ寓話集』「狐と葡萄」)が思い出される。自分が死ななければならないとしても、せめて嘆き悲しむことなく笑って死のう。だれも自分の心まで支配することはできないのだ。しかし、エピクテトスが唱えるのはこのようなやせ我慢の哲学ではない。

別の例をみよう。だれかがエピクテトスに「鬚《ひげ》を剃れ」という。哲学者であるから、「鬚は剃らない」と言う。当時の哲学者は顎《あご》に鬚をたくわえていたから、鬚を剃ることは哲学者でなくなることを意味する。「それでは、お前の首を切ろう」と言うと、それがよいのであれば切りなさい、と答える(『語録』第一巻第二章[上巻33頁])。このように、自分ではどうしようもないような境遇の中におかれたとき、彼が主張するのは、ただひたすら耐えるしかないというような忍従の哲学ではない。人は生涯においてさまざまな不幸に遭遇するが、エピクテトスが説くのは、むしろどのような逆境にも動じない精神の強さなのである。

心像との戦い

『語録』(第二巻第一八章)は「いかにして心像と戦うべきか」をテーマとしている。心像とは、先に述べたように、パンタシアーの訳であるが、心に現れてくるいっさいのものを言う。私たちはさまざまな情念の対象に影響され、理性的な判断ができないことがある。それらのものは私たちの前に現れて、私たちの心を魅了し、あるいは恐怖に陥れる。その場合、私たちを惑わしているのは向こうにある対象そのものではなく、それとの間に生じている心像である。あるものが欲しいとか、嫌だとか思うとき、その人の心を惑わすのは、そのものではなく、そのものについての心像である。

その〔心像の〕激しさに心をつかまれてはならない。むしろ、「心像よ、少し待ってくれ。お前は誰なのか、何の心像なのかをみせてくれ。お前を調べさせてくれ」と言えばいいのだ。それから、その後のことを次々と描くままにさせておいてはならない。さもなければ、君をつかまえて、望むところに連れていってしまうだろう。

（『語録』第二巻第一八章〔上巻 292 頁〕）

このような心像に対してみずからを鍛える必要がある。心像の正しい理解は心を正しく導くのに役立つが、それだけではない。

あらゆる習慣や能力は、それに対応する行為によって維持され、増進される。

（『語録』第二巻第一八章［上巻288頁］）

歩いたり走ったりすることで、歩行や走る能力が増進するように、倫理的行為もたえずそれを実践するようにしなければならない。毎日歩いたり走ったりすると、足の筋肉が少しずつ鍛えられるが、意志も同様に鍛える必要があるわけだ。そのためにも、現れてくる心像をよく見極めることが大切になってくる。心像や心像をもたらすものが、それ自体で善であったり悪であったりすることはない。むしろ、自分がそれらの心像に対してどのような態度をとるかで、善と悪が分かれてくるわけだ。私たちが幸福であるために、立ち止まって自分の考えをあらためて問い直してみる。エピクテトスが私たちに求めるのは、このように自省する精神なのである。

ストア哲学批判

現代哲学者のハンナ・アーレントは、死後出版の『精神の生活 第二部 意志』において、エピクテトスが語る意志を形容して「意志の全能」と呼び、これをキリスト教の使徒パウロの「意志の無力」と好対照のものとして比較している（H. Arendt, *The Life of the Mind: Two, Willing*）。

「救済はその人の意志や努力にはなく、むしろ神の哀れみにある。〔中略〕神みずからが意志する人はだれでも哀れみ、みずからが意志する人をかたくなにさせる」（『ローマ信徒への手紙』九16, 18）。パウロの言葉をアーレントの趣旨にそって訳すとこうなるが、原文の訳に意志という言葉を用いるのは少し無理があるかもしれない。それは別としても、パウロからアウグスティヌスに至るキリスト教の系譜は、自分が「なしたいこと（what I would）」と「なすこと（what I do）」との間に内的な葛藤を見出し、そこにおいて人間の意志の頼りなさと無力を強調していた（Arendt, *Between Past and Future*, 157［邦訳 212］）。

もともと自由は、次のデモクリトスの言葉にあるように、もっぱら政治的な概念であった。

民主制における貧困は、独裁者のもとでのいわゆる幸福よりも、自由が隷属にまさる分だけまさっている。（デモクリトス「断片」251 DK）

それがヘレニズム時代以降になると、自由の問題は政治から各人の心の内面性に移っていく。こうした状況の中で、哲学は「自由意志（liberum arbitrium）」という問題を見出すことになる。エピクテトスは、みずからの心に絶対的な自由の場を求めたという点では、伝統的なギリシアの思想史よりも、むしろキリスト教的な自由意志論に連結するような側面をもっていた、と言えるだろう。ただし、自分自身の意志こそ、いかなるものも介入できないような力をもつものだ、と考えた点では、キリスト教的な系譜とは真逆の方向に向かうものであった。

アウグスティヌス以降では、フランスの数学者・哲学者のパスカルが、人間性の罪深さを強調し、意志の力を軽視したジャンセニスム派に所属していただけに、エピクテトスの思想とは根本的に相容れないところがあった。パスカルによれば、エピクテトスの思想は「傲慢（présomption）」以外のなにものでもなかったのである（「パスカルのサシとの対話」）。

こうした批判にみられるように、ローマ時代のストア派でエピクテトスほど賛否こもごもの哲学者はいないかもしれない。彼に比べると、初期のストア派の立場はより穏健なところがある。例えば、健康と病気はともに善でも悪でもないというのがストア派の考えであった。けれども、どちらをとるかと問われたとき、あえて病気をとる人は少ないであろう。その意味では、健康も病気も、善悪のどちらでもないが、健康のほうが病気よりも望ましいものだと言うことができる。初期のストア派はこれをプロエーグメノンと呼んでいる。「優先されるもの」の意味である。

ストア派は、善悪いずれでもないもののうち、あるものは優先されるものであり、あるものは優先されないものだと言っている。また、優先されるものは価値をもつもので、優先されないものは価値をもたないものだという。そして、価値とは、ひとつには自然に従う生に対して、なんらかの貢献をするものであり、このような貢献はすべての善についてみられるものである〔中略〕。

（ディオゲネス・ラエルティオス『ギリシア哲学者列伝』第七巻105）

これは現実の生に対する妥協とも考えられるかもしれない。富や健康が自然本性にかなう生に貢献するのであれば、それは善でなければならないだろう。キケロはこの優先されるものについて、「適度な価値を伴う〔善悪と〕無関係のもの（indifferens cum aestimatione mediocri）」（『善と悪の究極について』第三巻16, 53）という微妙な表現をしているが、初期ストア派のゼノン（『初期ストア派断片集』I 192）、クリュシッポス（同 III 127）が、明らかにこの優先されるものという評価を認めている。

一方、プルタルコスはここにひとつの矛盾を見出している。ストア派は優先されるものをあたかも善いもののように言いながら、他方で善でも悪でもないと言っていることになるのではないか。そして、このような行為を勧めるゼノンを、酸っぱくなった葡萄酒をもっていて、酢としても葡萄酒としても売れない商人に喩えた人がかつていたと述べている(『ストア派の自己矛盾について』1047E)。

おもしろいことに、この優先されるものの議論は、エピクテトスには、そして彼の影響を深く受けたマルクス・アウレリウスの著作の中には見出されないのである。セネカはおそらくこの議論の存在に気づいていたと思われるが(『倫理書簡集』82, 9)、エピクテトスにみられないのは単なる偶然ではないであろう。「酸っぱい葡萄酒」の喩えは、すでに当時においてストア派批判がおこなわれていたことを教えてくれる。そのためか、批判にさらされうるような主張は、事前に回避されていたのかもしれない。こうした問題に関しては終章においてもう一度取り上げることにしたい。

ストア派批判はこれ以外にもあり、とりわけ問題視されたのはその運命論である。これについて次に述べよう。

第四章　必然の呪縛を逃れる

——運命と摂理

クリュシッポス像
ローマ時代の複製

運命論

ストア派の思想を考えるとき、もうひとつ重要なものに「運命」がある。ストア派の創始者であるゼノンには、こんなエピソードが残っている。召使の奴隷のひとりが盗みを働いた。

盗みのかどでその奴隷を鞭打つと、奴隷は「私は盗みを働くように運命づけられているのです」と言った。それで、彼〔ゼノン〕は「そう、鞭で打たれることもだ」とやり返した。

（ディオゲネス・ラエルティオス『ギリシア哲学者列伝』第七巻23）

一般にストア派では、あらゆる物事は運命に従っていると考えられており、奴隷はおそらくそのことを知っていて主人を茶化したのだろうが、主人は主人でこれを議論でねじふせたわけである。ストア派は運命を認める点において、これを否定したエピクロス派とは反対の立場にある。エピクロス派は原子論に従いながら、原子（アトム）の動きに偶然性を見出すことで運命や摂理の考えを批判している。まずは、両派の見解の違いを以下において簡単に紹介しておこう。

必然の呪縛を切る――原子の逸れ(クリナメン)

エピクロス派は快楽主義者として知られるが、自然学思想としてはデモクリトス以来の原子論を受け入れる。すなわち、不可分(アトモン)の物体である原子が虚空間を運動することで万物はかたちづくられるという考えであるが、その運動については、ディオゲネス・ラエルティオスの『ギリシア哲学者列伝』第一〇巻にある「ヘロドトス宛書簡」に詳しい。ヘロドトスと言っても、あの有名な歴史家ではなく、エピクロスの弟子のひとりであり、この弟子に師のエピクロスが原子の運動について説明した手紙である。

> 原子は衝突してくるものがなにもなく、空虚(虚空間)を運ばれていくときは、必ず等速でなければならない。なぜなら、重い原子が小さくて軽い原子よりも速く運ばれることはないであろうから。
>
> (『ギリシア哲学者列伝』第一〇巻61)

原子論では、無限の万有(全宇宙)の中で、原子はその重さのゆえに落下運動を続けるが、どんな原子においても落下速度は一定である。けれども、落下運動だけでは万物の形成が説明できない。ものが形成されるためには、原子どうしがぶつかり合い、合成されるのでなければならないからである。そのために必要なのが原子どうしの偶然的な衝突である。つまり、ひとつひとつの原子は等速運動という必然によって支配されているので、偶然的な事態が発生する余地はない。エピクロスはこれを回避するために、原子どうしの偶然的な衝突を想定するのであるが、残念ながらこれについては「ヘロドトス宛書簡」に記載がないために、後代の資料によるほかはない。そのひとつが、第一章でふれたローマ時代の詩人哲学者ルクレティウスの『事物の本性について』である。

原子はその固有の重さによって、空虚の中を下方へとまっすぐ運ばれていくとき、いつ、どこかは定かではないが、運動の転位と言える程度に軌道からわずかにはずれる。もし原子に逸れる傾向がなかったのだとしたら、すべては雨滴のように深い空虚を落下して、衝突も打撃も起きることなく、自然はいかなるものも創りださなかったであろう。

（『事物の本性について』第二巻 218–224）

等速に下降していく原子はお互いに衝突しあうことはないから、衝突が生じるためには原子が下降運動とは異なる動きをするのでなければならない。この原子の逸れは、ラテン語で「クリナメン(clinamen)」(同巻292)と呼ばれている。

もうひとつ資料を挙げると、これもすでにふれたオイノアンダのディオゲネスがエピクロス派の哲学の概要を石に刻み込んだ碑文である。碑文の発見(一八八四年)以来、復元作業が続いているが、その一部に以下のような一節がある。

もしだれかがデモクリトスの説を用いて、原子の相互の衝突のために、原子には自由な動きがいっさいなく、したがってあらゆるものが必然的に運動しているようにみえる、と主張するならば、われわれはこの人に向かって、「君がそもそも何者であるにせよ、わからないのかね。原子には自由な運動があるのだよ。デモクリトスはこれに気づかなかったが、エピクロスが明るみに出して、逸れる運動のあることを、さまざまな現象から教えているのだ」と言うだろう。最も重要な問題は、運命というものを信じるならば、すべての忠告や非難が無意味になり、悪人たちでさえ[正当な罰を受けなくてもすむことになる。なぜなら、自分の過ちに対する責任がないからだ。」　(オイノアンダのディオゲネス「断片」54)

括弧でくくった部分は刻文が鮮明でなく、校訂者スミスの推定に基づく。デモクリトスの場合には、原子は相互の衝突によって動くので（ビリヤードの玉突きを想像するとわかりやすい）、その運動は因果的に決定されている。そのためにデモクリトスの原子論は決定論に陥ってしまうが、エピクロスは原子には「逸れる（パレンクリティケー）運動」が存在し、それによって自由な運動が可能となると考えるので、決定論は回避される。この原子の逸れという思想は、ディオゲネスの書きかたからみて、エピクロス自身の思想であったと考えられる。

もっとも、原子の逸れによって自由な動きが生じるのだとしても、それによって私たちの自由な意志の存在まで一足飛びに保証されるわけではない。エピクロスの主要著作である『自然について』は三七巻の書物なので、これがかりに現存していたら翻訳するだけでも大変な作業が予想されるが、幸か不幸か現存しない。ただし、先の章でもふれたが、ヘルクラネウムから出てきたパピルスの断簡に、『自然について』の一部が含まれており、現在もなお復元作業が続いているが、残念ながらエピクロスが意志の自由を論じた部分は発見されていない。

ところで、オイノアンダのディオゲネスも注意しているが、運命の存在を想定すると、いろいろと面倒なことを考えねばならない。「運命」というのはギリシア語でヘイマルメネー、ラテン語ではファートゥム（英語の fate の語源）という。これは物事があらかじめ決定されているということで、後での変更はありえない。運命と宿命を区別する哲学者もいるが、そんな面倒な議論には立ち入らなくてもよいだろう。一方、「運」はギリシア語でテュケー、ラテン語ではフォルトゥーナ（英語の fortune の語源）と言って、これは時によって好転したりしなかったりする。好運（エウテュキアー）あるいは不運（デュステュキアー）のことで、人のめぐり合わせは転変する。「好運は友を呼ぶ」（アポストリオス『諺集』8,7）というおもしろい諺があるが、不運に陥れば友は去っていくわけである。話が逸れたが、運命の存在を認めたのはストア派だから、次にストア派の立場を紹介することにしよう。

永劫回帰の思想

初期ストア派のゼノンもクリュシッポスも、運命が存在して、私たち人間を支配していると考えているが（ディオゲネス・ラエルティオス『ギリシア哲学者列伝』第七巻149）、この思想は彼らの自然学説とも密接に関連している。ストア派によると、宇宙は大燃焼（エクピュローシス）によって破壊され、また再生するが、これが永遠に繰り返される。しかも、宇宙はその同じありかたを回帰させる。その結果、ソクラテスやプラトンがまた現れ、同じことをおこない、経験するが、この周期的な回帰は無限に繰り返されるという(『初期ストア派断片集』II 625)。

ニーチェが一八八一年の夏に、スイスのシルヴァプラーナの森を歩いていたとき、この「永劫回帰(Ewige Wiederkunft)」の着想を得て、『ツァラトゥストラはかく語りき』を書くきっかけとなった、と後年述懐している(『この人をみよ』)。フランスの小説家アルベール・カミュが、頂上へ運んだ巨石がまた転げ落ち、それをまた頂上へと運んだというギリシア神話のシシュポスを題材に、永劫回帰の不条理をあえて受容する思想を打ち出したのも、ストア派の回帰思想の影響によるとされている(『シシュポスの神話』)。

この永劫回帰の理法を受け入れて、あるがままの運命を受け入れる態度を、ニーチェはアモル・ファーティー(amor fati)すなわち運命愛と呼んでいるが(『喜ばしき学問』276)、これと同様の思想はストア哲学にも見出すことができる。まず、後期ストア派から二つ引用してみたい。

出来事が君の欲するように起きることを願ってはならない。むしろ、出来事が起きるがままに起きることを願うのがよい。そうすれば、道が開けてくるだろう。

(エピクテトス『要録』8[下巻366頁])

種々の出来事や、自分のために運命の手が織りなしてくれるものをことごとく愛し歓迎することである。

（マルクス・アウレリウス『自省録』第三巻16［47頁］）

運命の糸を紡《つむ》ぐのは女神クロトである（『自省録』第四巻34［63頁］）。運命の女神には三柱いて、ラケシスが各人の運命を引きあて、そしてこのクロトがその運命の糸を紡ぎ合わせ、アトロポスがこれを変更不能なものにする、という伝説がある。しかし、こうして各人に定められた運命を愛し歓迎するとは、どのような意味なのか。もう少し詳しく知るために、ストア派が遺した言葉を順に追ってみよう。

運命とは？

まず、ストア派は運命をどのようなものと考えたのか。

クリュシッポスもまた、必然と運命は異なるものではなく、運命とは永遠で、連続的で、秩序づけられた動きである、と言っている。

（『初期ストア派断片集』II 916）

運命を神であり、宇宙に存在するもの、生成するものを、宇宙そのものと宇宙の中の秩序を維持するために、用いることだと言っているが〔中略〕。（『初期ストア派断片集』II 928）

さらに、ほかの断片資料を確認すると、運命は最高神のゼウスの名でも呼ばれ、また「摂理」とも同じだとされている。摂理のギリシア語はプロノイアであるが、「先んじて（プロ）考える（ノイア）」の語形が示しているように、先見とか見通しとかの意味で、神について用いられる場合には、神意とか摂理とか訳される。つまり、この宇宙は神の意志によって動いている、というのがストア派の考えである。

運命は摂理であり、神の定めることでもある。それに比べて、人間はちっぽけな部分でしかないから、運命の定めるところに逆らうことなく、進んで受け入れていけばよいということになるのだろう。

運命と自由

けれども、このように考えると、いろいろと困ったことが生じてくる。古代においてストア派が受けた批判の多くは、そのことに関連している。そして、すでに初期ストア派において、こうした批判を回避しようと苦労した痕跡がみられるのである。

「いっさいのことが運命によって起きる」(ディオゲネス・ラエルティオス『ギリシア哲学者列伝』第七巻149)ということを厳密に考えるとどうなるのか。例えば、明日テニスの試合があるので、一生懸命練習したいが、もしも明日の勝敗がすでに決まっているのだとしたら、練習してもしなくても、結果は変わらないから、この練習は無駄だということになる。このように運命論は、私たちの努力をすべて無意味なものにしてしまう恐れがある。

キケロは哲学者たちがこれをギリシア語でアグロス・ロゴスと呼んでいる、と言っている。「怠け者の議論」という意味である(『運命について』28)。キケロの挙げる例は、右のテニスの練習の事例とよく似ている。「もし君が病気から回復することが運命によって決まっているとしたら、医者にかかろうとかかるまいと回復するであろう。同様に、回復しないことに決まっているのであれば、医者にかかろうとかかるまいと回復しないであろう。しかし、運命はそのどちらかである。したがって、医者を呼ぶことは無駄だということになる」。

初期ストア派のクリュシッポスには、現存しないが『運命について』という著作があって、その第二巻においてストア派の立場を弁護したらしい。キリスト教作家のエウセビオス(後二六三頃～三三九)の『福音の準備』をみると、ディオゲニアヌスという人物の報告では、クリュシッポスはそのために二つの例を挙げたという。ひとつは、子供が生まれることが運命づけられているとしたら、女性と性交してもしなくても、子供が生まれることになるが、これは明らかに奇妙である。もうひとつはボクサーの例で、最強のボクサーが一発も打たれることなく、相手に勝利することが決まっているとしたら、彼は両手を下げたまま戦ってもよいことになるが、これもまた奇妙であろう(この資料は『初期ストア派断片集』II 998に収録されている)。

クリュシッポスがこうした反論をしたのは、子供の誕生の例で言えば、「子供の誕生」と「女性と性交渉をもつ願望」とが合わせて運命づけられているということらしい。ディオゲニアヌスはこれ以上説明していないが、キケロがより詳しい情報をあたえている。彼によると、クリュシッポスの反論の重要な点は、「単純な」事柄と「複合的な」事柄を分けたところにある。

(1) ソクラテスはこれこれの日に死ぬであろう。

(2) ライオスにオイディプスという子が生まれるであろう。

(1)は単純な事柄の例で、ソクラテスが何をしようとも、死ぬ日は決まっている。つまり、ソクラテスは前三九九年に裁判に敗れ、同年にデロス島の祭礼が終わった頃に刑死するわけである。しかし、⑵は単純な事柄の例ではない。テバイ王のライオスには、運命によって子供のオイディプスが生まれて、しかもその子供に殺されることになる。この話はソポクレスの『オイディプス王』に詳しいが、この場合には「ライオスに子供が生まれる」ことと、「ライオスが妻と交わる」ことの両方が決定されており、その意味で複合的な事例である。キケロはコンファーターリスというラテン語を用いているが、「運命を共有する」の意である。このように、ストア派の矛盾とされるものは、「単純な」事柄と「複合的な」事柄を区別することで回避できる、というのがクリュシッポスの主張である。

必然の呪縛を逃れる――犬と円筒の比喩

しかし、事はそれほど簡単ではない。先の例で言うと、病気から回復するという目的(A)のために、医者にかかる(B)。あるいは、テニスの試合に勝つという目的(A)のために、練習する(B)。ストア派への批判は、Bをする、しないに関わりなく、Aが決まっているのであれば、Bはやってもやらなくても同じではないかというものであった。クリュシッポスのこれに対する反論は、AとBは運命を共有するから、Bの行為はAの目的から切り離すことができないというものである。とすれば、Bを選ばないという選択肢はなかったことになる。そうすると、私たちの自由な意志はどこにあるのだろうか。

『初期ストア派断片集』の編者アルニムは、関連する断片群を「運命と自由意志」の見出しでまとめているが、運命論を厳格に解するかぎり、やはり因果的な決定論に陥らざるをえなくなる。必然の呪縛からいかにして逃れることができるのか。問題はこうである。私たちの心は運命の外にあるのだろうか、あるいはないのだろうか。こうした問題が生じることには、ストア派もすでに気づいていて、二つの比喩でもって答える試みをしたとされる。

ひとつは車に繫《つな》がれた犬の比喩である。

車に繫がれた犬が、それについていこうと欲するならば、引っぱられながらもついていくことになり、必然(すなわち、運命)とともに自由を行使していることになるが、欲しなければ、どのみち強制されることになるだろう。これは人間の場合にも当てはまり、ついていこうと欲しなくても、どのみち運命づけられた方向に行くように強制されることになるだろう。

(『初期ストア派断片集』II 975. 括弧内も伝承写本にあるが、後代の書き込みとみなされる)

この資料の出典であるヒッポリュトスは後二〜三世紀の人なので、初期ストア派の考えを反映しているのかどうか定かではない。いずれにせよ、これはうまい比喩とは言えないだろう。なぜなら、犬は自分が欲する、欲しないに関わりなく、車が進む方向に進まねばならないからである。この比喩がクリュシッポスの用いたものかどうかについても不明なままである。

もうひとつは円筒の例で、間違いなくクリュシッポスに帰せられる。右の典拠よりも古くて、キケロが書き残したものである。

クリュシッポスは言っている。「円筒を前に押した人は、運動の端緒をあたえたが、転がりやすさをあたえたわけではない。これと同様で、前に置かれた知覚の対象は、その姿を押しつけ、いわば魂に刻印するであろうが、その承認はわれわれの力の中にある。そして、円筒において言われたのと同じことで、外から押されたものであっても、その後はみずからの力と本性によって動くことになるのである」。

（『運命について』43）

クリュシッポスは円筒（円柱形）のほかに独楽《こま》（円錐形）の例を挙げているようだが、円筒が転がるのも、独楽が回転するのも、起動因となるものが必要である。つまり、人の手である。しかし、これは補助的な原因であって、主要な原因は事物そのものの属性にある。なぜなら、事物に転がりやすさ(回転能力)がなければ、円筒が転がることも、独楽が回転することもないからである。これと同様に、知覚の対象が私たちの魂(心)に刻印されるまでは、因果の必然的な連鎖があるが、これに対してどのような承認をあたえるかは、私たち次第であるから、因果の連鎖の外にあるというわけである。

このクリュシッポスの比喩は、外的な刺激と私たちの魂の反応が別のものであることを示すことで、自然学的な決定論を主張しながら、自由な意志の存在の可能性を認めようとするものである。哲学史家はこの立場を両立論(compatibilism)と呼んでいる。クリュシッポスの意図がそこにあったことは、キケロが「あたかもご立派な調停者のように、中道を行こうとした」(同39)と言っていることからも明らかである。

ただ、この比喩が有効であるかどうかは別の問題である。ストア派の立場では、心像が生じたときに、私たちはそれによって衝動(ホルメー)を感じたり、反発(アポルメー)を感じたりするとされているが、円筒の場合にその反発にあたるものは何であるのだろうか。つまり、その動きに対して反発する力は、円筒そのものにはないからである。そう考えると、私たちの行為の自律性を守るというところまでは、まだまだ遠いように思われる。キケロ自身のクリュシッポス評は辛口で、「クリュシッポスは、すべてのことが運命によって生じながら、われわれ次第であるものが存在することを、なんとか説明しようと懸命になっているが、そんなふうにして混乱に陥ってしまっている」と言っている。ただし、この言葉は現存する『運命について』には欠損しており、アウルス・ゲリウスの『アッティカの夜』(第七巻2, 15)に残されている。

運命を信じ、すべてのものがあらかじめ決定されていることを認めながら、人間の自由な意志の自律性を守ることは、ストア派にとってきわめて重要な課題であったが、概して初期ストア派の哲人たちが試みたことは十分な説明になっているとは思われない。運命論はこの学派のすべての人が受け入れているが、中期ストア派では同時代のほかの学派の思想も受け入れたりして、より折衷的な傾向がみられる。そのひとりであるパナイティオスは、初期ストア派の中心思想のひとつである、宇宙が周期的に火によって焼き尽くされるという考えをもはや支持せず、むしろ宇宙の永遠性を主張するアリストテレスのほうに与《くみ》している。

さらに後期ストア派の哲人たちは、こうした問題にあまり関心を寄せているようにはみえない。少なくとも彼らは表立って、これを問題にしていないのである。時代はすでにヘレニズム時代からグレコ・ローマン時代に入っており、倫理学思想が中心に語られている。一般に、後期のストア派は初期に比べて、その思想は体系的でなく、また議論もそれほど厳密なものではない。その代わりに、その思想はより実践的であり、私たちの生きかたに対してより直接的な示唆や忠告をあたえるものになっている。

セネカの関心

まずセネカであるが、彼に関する批評としては、生没年が三〇年ほど後の修辞学者クインティリアヌス(後三五頃〜一〇〇頃)の言葉がよく知られている。

セネカはほとんどすべての研究の材料を扱った。彼の弁論集、詩、書簡集、対話篇が流布しているからである。哲学においては、あまり入念な仕事とは言えないが、それでも悪徳を追及する者として際だっている。彼には数多くの輝かしい警句があり、また徳性のために読まれるべき数多くのものがあるが、文体については多くは壊れており、それが人を惹きつけてしまうような欠点が多いだけに、きわめて有害である。

(『弁論家の教育』第一〇巻1, 129)

セネカの弁論集などは今日に伝わっていないが、クインティリアヌスが否定的な発言をしているのは、その文体に関してであり、先行する作家に比べて見劣りするところがあるものの、彼の知識については絶賛に近い評価を下している。彼とほぼ同時代のプリニウスも、「学識ある人びとのうちでの第一人者」(『博物誌』第一四巻51)としている。一方、歴史家のタキトゥスの『年代記』やディオン・カッシオスの『ローマ史』ではセネカはよく描かれていない。これはネロ帝やその母親のアグリッピナに関連してのことで、ローマの政治史の中でのセネカの立ち位置は微妙なところがあるが、これについては別のところで書いたので、本書では彼の思想にのみ目を向けることにしよう。

君はこの一瞬の時に投げ込まれている。それを引き延ばそうというなら、どこまで引き延ばすつもりなのか。どうして泣くのか。何を願っているのか。無駄な努力だ。

「祈って、神々が定めた運命を変えられるとは思うな」

君の運命は定まったもので、偉大な永遠の必然に導かれている。君が行き着くところには、あらゆるものが行き着くことになる。どうしてこのことが君にとって目新しいことであるだろうか。この掟のもとに君は生まれたのだ。〔中略〕何千もの人も、何千もの動物も、君が死をためらうこの瞬間にさまざまに息を引きとっている。それなのに、君がいつかはそこに、いつも君が向かっていたその場所にたどり着くことはないなどと思っていたのか。終わりのない旅などないのだ。

（セネカ『倫理書簡集』77, 12–13）

途中の引用は、ウェルギリウス『アエネーイス』（第六歌 376）からであるが、セネカもストアの学徒のひとりとして、運命論を受け入れる。しかし、セネカの関心はストア派の運命論の整合性よりも、運命に対して、あるいは神の摂理に対して、人がいかに対処すべきかにある。右の言葉は死に関して書簡の相手であるルキリウスに対して語られたものであるが、先にも引用した『マルキアへの慰めの手紙』でも同様の勧告がみられる。

だれかに起こりうることは、だれにでも起こりうる。

（『マルキアへの慰めの手紙』9, 5）

これは当時流布していたプブリリウス・シュルスの格言的な台詞集から引用したものである。運命によって起きうる災いは、だれにでも起こりうることである。マルキアは二〇歳を迎えたばかりの息子を亡くした。その悲しみは深く、いつまでも立ち直ることができない彼女に、人が所有していると思っているものは、すべて人生という舞台を生きるために、一時的に貸しあたえられたものでしかなく、いずれは返却を迫られると諭《さと》す（同10, 1）。エピクテトスにも、これとまったく同じことが語られた箇所があるが（『要録』11〔下巻367-368頁〕）、運命として定められたものをそのまま受け入れることを勧めるわけである。

セネカには運命と自由がどのように両立するかという問題よりも、精神が隷属した状態から逃れることのほうにより関心がある。ヘレニズム時代に各派が戦った決定論の論議よりも、日々をどう生きるかの問題のほうが重要なのである。

君は自由に到達するためにどんな代価でも払いたいと思わないだろうか。自分が生まれつき自由だと思っているのだからね。どうして金庫に目を向けるのだ。自由は金では買えないのだ。だから、買い物のメモに自由という品目を書き込んでも無意味というものだ。自由は買った人の手にも、売った人の手にも入らない。むしろ、君が自分から求め、自分にあたえるべき品物だ。

（セネカ『倫理書簡集』80, 4-5）

エピクテトスの場合

エピクテトスやマルクス・アウレリウスは、運命に関してどのように語っているだろうか。

先に述べたように、ストア派の運命論の理解を困難にしているのは、運命や必然に従うのであれば、私たちの自由な意志いかんにかかわらず物事はすでに決定されていることになり、そのことは私たちの努力をすべて無意味なものにしてしまうのではないかという疑念である。エピクテトスによれば、私たちがもっている意志(プロアイレシス)は、私たちの力の及ぶ範囲のことを対象にして、これを欲求したり忌避したりするのであるが、この心の働きこそ真の意味で私のものであり、したがって自由なものである。つまり、私たちの倫理的行為はすべて自由な意志のもとでおこないうるのである。しかしその一方でエピクテトスは、過去、現在、未来において起こることは、すでに神が描いたプラン、すなわち摂理のもとで決定されている、とも考えている。

これはどういう意味なのだろうか。先に述べたが、もしも将来において自分が失敗する人生が描かれているとしたら、現在においてそのために努力することはまったく無駄なことになるだろう。いくら努力したとしても、その結果はわかっているからである。この「怠惰な議論」から逃れる方法はあるのか。この点に関して、エピクテトスが考えていたこととして、二点挙げられるように思う。

ひとつは、人間の意志の領域には、運命や摂理が及ばないとすることである。

私の意志はゼウスだって支配することはできない。
（『語録』第一巻第一章［上巻25頁］）

意志は自然本性において自由で強制されぬものである。
（『語録』第二巻第一五章［上巻263頁］）

自分の力が及ぶことについては、ゼウスが介入できない、あるいはゼウスにははじめからそのような気持ちはない、とも言われている（同第三巻第三章［下巻35頁］）。ストア派でゼウスと言うときは、オリュンポス神族の主神であるよりは、むしろ、神そのものの意である。ギリシア・ローマは多神教の世界であるが、哲学者の描く神は唯一神に近いものである（この点はギルバート・マレーが『ギリシア宗教発展の五段階』において詳しく述べている）。それはともかくとして、人間の内面の意志の世界には神すら介入することができず、そこに自由があると考えられている。もちろん、自分が自由意志でおこなっていると考えていたことが、神によってすでに決定されている可能性がないわけではないが、エピクテトスはその可能性を考えなかったようである。

人生の舞台に立つ役者

もうひとつは、運命とか摂理とかと言っても、具体的にどのように進行するか人間にはわからない、とすることである。運命は神の意志であり、摂理すなわち神的な理法でもあるが、エピクテトスはこれを劇に喩えている。

> 次のことを心に留めておくがいい。君は劇作家が望むような俳優なのだ。劇作家が短いものを望めば短い劇の俳優になるし、長いものを欲するなら長い劇の俳優になるのだ。もし君に物乞いを演じることを望めば、それを上手《うま》く演じるようにせよ。役が足の不自由な人間でも官吏でも民間人でも同じことだ。というのは、君の仕事は、あたえられた役を立派に演じることだが、どの役を選ぶのかは、ほかの人の仕事であるからだ。
>
> （『要録』17［下巻 371-372 頁］）

ここで「劇作家」は神を指している。劇における配役をあたえるのは「ほかの人」である神であり、俳優はあたえられた役を演じなければならない。摂理とは神が描くシナリオのことで、普通は俳優は自分が演じる劇のシナリオを熟知したうえで、これに従って演じるものだが、エピクテトスがここで述べているのは、俳優は自分が演じる役が、足の不自由な奴隷であるとか、あるいはこれを所有する主人であるとかは了解しているが、その役がどのような結末を迎えるかを知らないような、いわば台本を渡されずに演じるということなのである。その台本（シナリオ）を手にしているのは神であって、私たち人間はその筋書きを知らないのである。したがって、私たちは自由意志に基づいて行動するのであるが、物語のシナリオである神の摂理は人知を超えたかなたにある。

運命に委ねるとは？

三人目のマルクス・アウレリウスも、ヘレニズム時代にさかんに論議された決定論に関心を向けているようにはみえない。運命をそのまま受容しつつ、その中で人はどのように生きるべきか。そこに彼の関心があった。

原子論哲学者のデモクリトスの断片資料の中に「デモクラテスの箴言集」と呼ばれるものが

ある。このデモクラテスとデモクリトスとの関係はよくわからないのであるが、一般にデモクリトスの資料に収められている。それはともかく、そこでも人生が一幕の劇に喩えられている。

宇宙は舞台、人生はパロドス。来て、観て、去る。

（デモクリトス「断片」115 DK）

パロドスとは古代劇の入場の場面のことである。マルクス・アウレリウスの『自省録』では、同様のことが無常観のもとで語られる。

宇宙即変化。人生即主観。

（『自省録』第四巻3［51頁］）

人間の苦悩は思いこみから生じ、目の前にある世界はたえず変化していくから、これらは関わりあうべきものではない、という意味である。人間はこの現在という一瞬だけを生きているが（同第三巻10［43頁］）、しかし、その現在を含んでいる一生はけっして安定したものではない。

人生の時は一瞬にすぎず、人の実質《ウーシアー》は流れ行き、その感覚は鈍く、その肉体全体の組合せは腐敗しやすく、その魂は渦を巻いており、その運命ははかりがたく、その名声は不確実である。

一言にしていえば、肉体に関するすべては流れであり、霊魂に関するすべては夢であり煙である。人生は戦いであり、旅のやどりであり、死後の名声は忘却にすぎない。

（『自省録』第二巻17［33-34頁］）

マルクス・アウレリウスはいつもこのような憂愁の思想を語っている。しかし、移ろいやすい人生の中でなにもかも諦めよと言うのではない。人生は短い。それだけに、現在を無駄にしてはならないのである（同第四巻26［59頁］）。しかも、その現在が短かろうが、長かろうが違いはない。各人はこの現在という一瞬だけを生きているからである（同第三巻10［43頁］）。

メメントー・モリー（死を忘れるな）の思想も、同様にみられる。セネカは私たちが「日々死につつある」と述べたが、マルクス・アウレリウスもまた、

今すぐにも人生を去って行くことのできる者のごとくあらゆることをおこない、話し、考えること。

（『自省録』第二巻11［29頁］）

と、同じようなことを語っている。しかし、それは死が恐ろしいからではなく、人間の判断する能力が徐々に失われていくからである。

急がなくてはならない、それは単に時々刻々死に近づくからだけではなく、物事にたいする洞察力や注意力が死ぬ前にすでに働かなくなってくるからである。

(『自省録』第三巻1[35頁])

マルクス・アウレリウスが運命について述べた言葉は、先でも紹介した。彼が言っていた「クロト(運命)に委ねる」ということだが、これは運命の定めるところに身をまかせよ、ということである。

何ものをも追いもせず避けもせずに生きる。

(『自省録』第三巻7[42頁])

この言葉は一見、積極的にはなにもすることなしに生きるという受動的・消極的な生がよしとされているようにみえるかもしれない。別の箇所をみよう。

普遍的物質を記憶せよ。そのごく小さな一部分が君なのだ。また普遍的な時を記憶せよ。そのごく短い、ほんの一瞬間が君に割りあてられているのだ。さらに運命を記憶せよ。そのどんな小さな部分が君であることか。

（『自省録』第五巻24〔86頁〕）

「普遍的物質」とはすべての存在のことである。「普遍的な時」とは全永遠を指す。人間はそのごく一部にあずかっているだけである。運命は別の箇所では摂理と言い換えられている点では（同第二巻3〔25頁〕）、エピクテトスと同じである。運命や摂理に身を委ねるとしても、そこで無為に過ごせというのではない。「人間各々の価値は、その人が熱心に追い求める対象の価値に等しい」（同第七巻3〔117頁〕）からである。

あることが君にとってやりにくいからといって、これが人間にとって不可能であると考えるな。しかしもしあることが人間にとって可能であり、その性質にかなったことであるならば、それは君にも到達しうることだと考えるべし。

（『自省録』第六巻19〔100頁〕）

ニーチェがストア派の運命論に共感し、この世に存在するものが必然的にそのように存在し、これを未来永劫において繰り返すという永劫回帰を超克するために、運命をそのままに受け入れることを主張したことは先に述べた。しかし、ストア派においてそれはけっして受動的な諦念の思想ではなかったのである。

運命論に関する問題は、ストア派を理解するうえで重要であるが、同時に哲学史的な興味の対象でしかないとも言えるだろう。次章では、私たちの具体的な生きかたの問題について考えてみたい。それは私たちが生きるうえで現れてくるさまざまな情念に、どのように対処すべきかという問題である。

第五章　情念の暴走を抑える

——理性と情念

メデイア
ヘルクラネウム出土の
フレスコ画

ストア派の知性主義

心の葛藤と言うことがあるが、古代の哲人たちは魂(心)をいくつかの部分に分けて、葛藤を部分どうしの争いとして説明した。そのひとりがプラトンである。プラトンは最初は魂の「理性的な部分」と「欲望的部分」の二項対立で考えていたようだが、『国家』以降はこれに「気概的部分」すなわち怒りを感じる部分を加えている。

これがいわゆる「魂の三部分説」と呼ばれるもので、アリストテレスもこの説を継承しているが(第二章参照)、ストア派のクリュシッポスは、『魂について』の第一巻において、この説を否定したと言われている。この著作は現存しないが、ガレノス(後一二九頃〜二〇〇頃)の『ヒッポクラテスとプラトンの学説』からだいたいの内容が知られる。アルニムの『初期ストア派断片集』も収録しているので、これから引用してみると、「魂の能力には、欲望的なものであれ、気概的なものであれ、そのような能力はひとつもない」(『初期ストア派断片集』III 461)というのが、クリュシッポスの考えである。

これがストア派の知性主義と呼ばれるものであるが、一見するとかなり奇妙に思われる。すでに、ストア派でも中期のポセイドニオスはこの考えかたを放棄している。ガレノスの同書（第四〜五巻）ではポセイドニオスに基づきながら、クリュシッポスを批判している。なぜなら、「魂に理性的部分のみがあり、欲望的部分も気概的部分もなければ、魂の情念というものがなくなってしまい、かくして徳も知恵以外の残りのものはすべてなくなってしまう」（『初期ストア派断片集』III 259）と考えられるからである。

ここで初期ストア派の知性主義を弁護してみよう。第二章でもふれたが、ストア派の考えでは、外部の対象がもたらす心像から、それに向かおうとする衝動（ホルメー）かそれから離れようとする反発（アポルメー）が生じるが、これはすべて魂の「指導的部分」の働きである。例えば、向こうになにかがみえるとする。その心像から「ああ、これはどうも私の好きな林檎《りんご》らしい」と考え、これに向かう衝動を感じて、さらに手にとって食べ始める。これを食べるのはなぜかと言うと、それが私にとって善いものだという判断が下されたからである。つまり、心像から対象が何であるかを承認し、それに向かう衝動の中で、食べるという行為へと動かすことには、私の判断（ドクサ）が含まれているわけである。したがって、心像から行為へと人を動かしているものは、ポセイドニオスやガレノスの批判にもかかわらず、指導的部分の判断だということになる。

しかし、この衝動が時には度はずれで、暴走することもある。この度はずれな衝動が「情念（パトス）」と呼ばれる。したがって、情念によって人がなにか過ちを犯すとき、この過ちは理性が情念あるいは感情に負けて、これを犯してしまうということではなく、初期ストア派の立場からすれば指導的部分の判断のミスが原因だということになる。これを、なにかに怒るという事例で説明してみよう。

怒りについて

怒りを抑制することはむずかしい。欲望については、例えばお腹がすいて、なにか食べたくなったときでも、その食欲をなんとか抑えることはできないでもない。一般に欲望をコントロールすることはできる。しかし、怒りは瞬発的なものであるだけ、抑えるのがなかなかむずかしい。また、若いときはさまざまな欲求、欲望にかられることが多いが、歳をとるとともに衰えてくる。しかし、怒りの場合にはなかなかそうはいかない。

死にでもしないかぎり、激情が老いることはない。

（ソポクレス『コロノスのオイディプス』954–955）

言葉の説明をまずしておくと、「激情」と訳したギリシア語はテューモス(*thumos*)という。テューモスは怒り、(猛き)心、激情などと訳しうるほかに、欲望などの意味をもちうる。このほかに、ギリシア語にはもっぱら怒りを意味するオルゲー(*orge*)という語もある。これはラテン語ではイーラ(*ira*)という。これらと区別する意味で、テューモスは「激情」と訳しておくが、大きな意味の違いはない。言葉の説明はこれくらいにして、右のソポクレスの引用にあるように、激情(怒り)は欲望と違って歳をとらないようである。若い時はさまざまな欲望をもつが、歳をとるとそのような欲望も次第に衰えてくる。しかし、なにかに腹を立てることは、歳とはあまり関係がないようである。あるいは、歳とともに怒りっぽくなることだってあるだろう。そして、時には取り返しのつかないような事態を引き起こす。

激情や怒りはこのように特別な感情であるために、これをテーマにした哲学の著作がいくつか存在する。まず、セネカの『怒りについて(*De Ira*)』である。彼がこの著作を書いたのは後四一年頃かと思われるが、もっと後だとする人もいる。いずれにせよ、初期の作品であることは間違いない。セネカはストア派であるから、クリュシッポスの『情念について』のほかにもポセイドニオスの『情念について』や『怒りについて』を読んでいるはずであるが、これらの作品はいずれも現存しないので、はっきりしたことはわからない。

プラトンやアリストテレスは、怒りは時には必要なものと考えていた。例えば戦争である。敵に対して怒りを感じることは、味方の士気を上げる手っ取り早い方法となる。アリストテレスの今は失われた対話篇『政治家』には、「怒りは必要なものである。怒りがなければ、怒りが心に満ちあふれ気概に火をつけるのでなければ、なにごとも打ち破ることができない。ただし、怒りを指揮官としてではなく、兵士として扱わねばならない」(セネカ『怒りについて』第一巻9,2が引用している)とある。最後の指揮官と兵士の喩えの意味は、理性が怒りを支配せねばならないという意味である。

一方、ストア派はこれを認めない。つまり、怒りにはなんの利益もないと考えるのがストア派である。セネカは右のアリストテレスの発言に対して、もし怒りが理性に従うならば、それはもはや怒りではない。怒りとは、右の喩えを使うならば、指揮官の命令に従わない兵士のようなものだ、と反論している(同所)。

ストア派が理想とする賢者は、アパテイア(無情念)の域に達しているから、たとえだれかにからかわれたり、侮辱されたりしても、それに対して怒りは感じないのであるが、賢者に至る道程においては、怒りを含めたさまざまな情念を抑制しなければならない。これに対して、賢者だって怒るのだ、と考えたのがエピクロス派である。

賢者も時には怒る

一般にエピクロス派は、始祖であるエピクロスの立場から変わることがなく、ストア派のような思想上の展開はなかった、と言われるが、肝心のエピクロスの著作がわずかな断片のほかは伝存していないので、なんとも言えない。ディオゲネス・ラエルティオスが伝えるエピクロスの手紙やいわゆる「主要教説」の中にも、個別的な情念に関する記述が含まれていないので、学派内部でどのような展開があったかに関しては不明のままである。

ところが、第一章で紹介したように、ヘルクラネウムが近隣のポンペイとともに、後七九年のヴェスヴィオ火山の噴火が原因で、火山灰の下に沈んでしまったが、いわゆるパピルス荘と呼ばれるカルプニウス・ピソの邸宅の跡地からおびただしいパピルスが発見された。このヘルクラネウム・パピルスにはエピクロス派のピロデモスの書物が含まれていたが、その中に『怒りについて(*Peri Orges*)』があった。炭化した状態のパピルスを解読してわかったというだけの話であるが、調べてみると、全体で一二〇ほどのコラムが含まれていたことが明らかになった。コラムと言うのは、パピルスの断簡を読むときの単位で、欄とも訳される。ピロデモスの

『怒りについて』はそのうち半分が失われたようで、さらに残っていても解読が不可能であるが、それでも五〇ほどのコラムが、一応解読の可能なものとして残っており、これらを収録した新しい校訂本も近年刊行されている。

『怒りについて』は、もとは『情念(パトス)について』の一部と目されるが、ピロデモスがヘルクラネウムに滞在していた前七五年から前五〇年の間に書かれたものであろう。内容に関しては、ピロデモス独自の見解と言うよりは、彼の師であったシドンのゼノン(前一五〇頃〜七五頃)の思想をまとめたもの、と考えられる。怒りに関連する記述を読むと、ここでピロデモスは怒りを二種類に分けている。

怒りという情念そのものは、切り離されたかたちでは有害である。なぜなら、それは苦痛をもたらすか、それに近いものだからである。しかし、それがその人の性格と結びつけば、有益なものになる、とわれわれは考える。というのは、物事の自然本来の姿がどのようなものかを見定め、そして自分が受けた不利益を比較考量し、人を害する者を罰するさいに誤った考えをもたないことで、この情念は有益なものになるからである。われわれが「空しい怒り」を有害なものと呼ぶように――なぜなら、それはきわめて劣悪な性格から生じ、

無数の煩わしい事態を結果させるからである――、「自然的な怒り」のほうは有害なものと呼ぶべきではない。〔以下欠損〕

（ピロデモス『怒りについて』コラム37-38）

この文章の意味を理解するには、上述のエピクロスの「主要教説」が参考になる。そこでは欲望を、(a)自然的で必要な欲望、(b)自然的で必要のない欲望、(c)空しく必要のない欲望、の三つに分けている（「主要教説」29＝『ギリシア哲学者列伝』第一〇巻149）。この列伝の第一〇巻はエピクロスをまるごと扱っているが、原文のところどころに注釈が含まれていて、その点がほかの巻と異なる特徴になっている。そして、この箇所の注釈はこの三区分について具体的な例を挙げている。(a)は喉が渇くときに飲み物を欲するような具合に、苦痛を解消するための欲望、(b)は贅沢な食事のように、苦痛を解消するためではなく、その意味で必要がないような欲望、(c)は冠が欲しいとか、彫像を建立したいというような欲望である。

この記述を参考にして、ピロデモスの文章の意味を考えてみよう。怒りの場合は二つの区分しかされていないが、欲望と同様で、自然的な怒りの中には必要なものがあるということであろう。単に相手に腹を立てるだけでは、苦痛をもたらし有害となるが、怒りを発する人がよき性格をもち、報復のために怒るというのではなく、事態を正しく見極め、そのうえで怒るということであれば、その怒りは有益なものとなる。「性格」と訳したギリシア語はディアテシスで、性情としたほうが原意に近いが、エピクロス派やストア派の情念論ではよく出てくる語である。いずれにせよ、人の性格が善いか悪いかで、怒りの善し悪しも変わってくるということである。ということは、エピクロス派は場合によっては怒ることも自然だと考えていたことになる。

プルタルコスの『怒りを抑えることについて』

セネカが『怒りについて』を書いたのは、ピロデモスより百年ほど後である。両者の文体を見比べてみると類似した表現も見受けられるが、右に述べたように怒りについてはなんらの価値も見出していない。さらに、セネカよりもおよそ六〇年後にプルタルコスが「モラリア」の一部として、『怒りを抑えることについて(*Peri Aorgesias*)』という論文を書いている。原題のアオルゲーシアとは怒りのないことの意であるが、実際に語られているのは、いかにして怒りを抑制するかという問題である。

怒りを克服することについて、プルタルコスはこう言っている。

心の中に激情に対する記念碑を立てることは――ヘラクレイトスは、「激情と戦うことは困難である。なぜなら、それが何を欲するにせよ、命を代償に購《あがな》うことになるから」と言っているが――、いわば腱や活力として情念に対抗する決断力をもった、強大で勝利を勝ちとるだけの強さがあることの証拠である。（『怒りを抑えることについて』457D）

文中のヘラクレイトスからの引用（「断片」85 DK）であるが、「激情」と訳した原語のテューモスは、次に「欲する」とあるので、激情ではなく「欲望」のことかと思われる（J. Burnet, *Early Greek Philosophy*, 140 参照）。したがって、この言葉を伝えているプルタルコス（『コリオラヌス伝』22 でも同様の引用をしている）やアリストテレス（『エウデモス倫理学』第二巻第七章）は、これを誤って理解した可能性が高いが、私たちの議論にとってはヘラクレイトス解釈の是非はそれほど重要ではない。要はプルタルコスが、激情という感情をコントロールすることのむずかしさを考えていたことがわかれば十分である。

では、戦闘など勇気ある行動において怒りは役に立つのだろうか。これについては、プルタルコスは否定的である。勇気という徳は理性と与《くみ》すればよく、怒りはむしろ破滅の原因となる。

異民族(バルバロイ)には鉄の鏃《やじり》に毒を塗る者たちがいるが、勇気には胆汁を塗る必要などないのだ。なぜなら、すでに理性に浸《ひた》されているからである。激情や狂気にかられたものは、壊れやすく、瑕《きず》も多い。実際、スパルタ人は戦士たちの怒りを笛の音で取り除き、戦いを前にして、理性が心に留まるように、ムーサ(ミューズ)の神々に犠牲《いけにえ》を捧げ、敵軍を敗走させたときにも、これを追撃することなく、猛き心を呼び戻す。〔中略〕一方、怒りのほうは仕返しをする前に無数の人びとを破滅させてきたのである。

(『怒りを抑えることについて』458E)

胆汁は古代の医学知識では怒りの原因と考えられ、胆汁質とは怒りっぽい人をいう。怒りはこのように戦いにおいても無益で、破滅の原因となる。プルタルコスは立場としては、プラトンの学校であるアカデメイア派に属していて、ストア派やエピクロス派に対しては批判的な立場をとっているが、このように怒りに関してだけ言えば、セネカなどのストア派の立場に近いと言えるだろう。

それでは、怒りという情念に対してどのように対処すべきなのか。ストア派の哲人たちがこの問題を扱うさいに、好んで用いた事例がギリシア神話に登場するメデイアである。

メデイアの怒り

ギリシア神話にメデイアという女性がいる。黒海東岸のコルキスの出身で、魔女キルケの姪にもあたり魔術に通じていた。金羊毛皮を求めてやって来たイアソンと恋に落ち、みずからの夫とする。夫婦はお互いの故郷を離れコリントスに暮らしていたが、同国の王クレオンが娘のグラウケ（あるいはクレウサともいう）の婿にイアソンを望んだために、イアソンは妻と子たちを捨て、この縁組を承諾する。怒りと悲しみにくれるメデイアは復讐を決意し、クレオン父娘を魔法によって焼き殺し、さらにはイアソンとの間にできた息子二人をも手にかけてしまう。

この話はエウリピデス『メデイア』に詳しいが、エウリピデスではメデイアが殺害に至る心理描写に焦点があてられていて、同作品で哲学者が好んで引用するくだりがある。「私は自分がしようとしていることがどれほど悪いことかわかっている。だが、激情のほうが私の思慮よりも強いのだ。これこそ人間にとって最大の禍《わざわ》いの因《もと》なのだが」（『メデイア』1078-1080）。この箇所は解釈が悩ましいところで、原文の「テューモス（激情）はブーレウマタ（思慮）にまさる」は、近年では「激情こそ私の計画（ブーレウマタ）を支配するもの」というように、比較の意味に解さないことが多い。しかし、古代ではマルクス・アウレリウスの侍医を務めたガレノスをはじめとして、知性と激情（怒り）の二項対立として読まれることが多かった。ガレノスはこのメデイアの激情を、トロイア戦争におけるオデュッセウスの知性と対照させている（『ヒッポクラテスとプラトンの学説』第三巻第三章）。

エウリピデス解釈の当否は別としても、ストア派がこのメデイアの子殺しを、激情（怒り）が対処のむずかしい感情であることを示す好例として用いていることは確かである。では、私たちは怒りに対してどのように対処すべきなのか。これについては、セネカが次のように言っている。

怒りに対する最大の対処法は、猶予をおくことである。（『怒りについて』第二巻29, 1）

時とともに怒りは収まるから、それまで待つことだ。ただし、自分の家族や友人が虐げられているときに、怒りを抑えて黙っていろということではない。

なにごとにつけわれわれが公平な審判者であろうと欲するならば、われわれのうちだれひとりとして過たない者はいない、ということをまずは肝に銘じておかねばならない。

（『怒りについて』第二巻28, 1）

つまり、他人の行為に対して怒りを感じたときは、その感情を爆発させるのではなく、自分が正しいと信じる場合には、その相手に言うべきことを言い、時には断固として罰するのでなければならない。しかし、同時に自分も同様の過ちを犯しかねないということを思い出さねばならない。

情念をコントロールする

セネカが言っていることは、穏健であり、私たちの常識に近いと思われる。では、エピクテトスの場合はどうか。エピクテトスは「首尾一貫しないことについて」（『語録』第二巻第二一章）において、家で召使の奴隷と諍《いさか》いを起こして、家中をかきまわし、隣人にも迷惑をかけておきながら、哲学学校ではまるで賢者のようにすました顔で坐って、哲学のテキストの読みかたなどについて批評を加える人について語っている（同所［上巻315頁］）。こんなことはだれでも胸に手をあてて、冷静に考えれば思いあたるところがいくらでもあるだろう。哲学者が電車の到着が遅いと駅員をどなりつけ、乗った電車で足を踏まれたら相手を睨《にら》みつける……、そんな場面を想像してみる。言行の一致など夢の話である。しかし、そんな私たちに古代の哲人が教えてくれるのは、いかにして心像に、そして心像がもたらすさまざまな情念、感情に対処すべきかである。

ストア派はあらゆる情念を克服して、無情念（アパテイア）の域に達した人を「賢者」と呼んだ。そのような人間がこの世にいるのかどうか疑問だが、私たちがさまざまな情念をコントロールすることは、心の安定を目指すためにもきわめて大切なことだと思われる。

エピクテトスはメデイアの子殺しについては、例によって、エウリピデスの問題の箇所を引用しながら次のように語っている。

次のように言っている人はどうだろうか。

私は自分がしようとしていることがどれほど悪いことか分かっている。
だが、怒りのほうが私の思慮よりも強いのだ。〔エウリピデス『メデイア』1078–1079〕

怒りを満足させ、夫に復讐するというまさにこのことが、子供を救うより有益だと彼女は考えているわけだ。

「そのとおりです。しかも誤っているのです」

彼女に自分が誤っていることをはっきりと教えてやるべきだ。そうすれば、そんなことはしないだろう。だけど、君が教えてやるまでは、彼女は自分によいと思われていること以外のどんなことにしたがうことができるだろうか。

「ほかにはなにもないですね」（強調は引用者、『語録』第一巻第二八章［上巻 158–159 頁］）

エウリピデスの言葉は、ガレノスによって知性と激情の対立として読まれていたが、エピクテトスはストア学徒だけあって、心の中での二つの部分の葛藤としては読まない。『語録』には対面がありえない人どうしの仮想問答がしばしば登場するが、これにならってエピクテトスとメディアの問答をつくってみよう。

メディア　私は自分にとって有益だと思って、そうしたまでのことよ。
エピクテトス　だれでもそうするのです。
メディア　イアソンに復讐するには、子供たちを殺すのが私には有益なことでした。

エピクテトス　それは大きな間違いというものです。あなたは怒りのせいで、自分に最も有益なことを望みながら、自分にとって最も有益でないことをしてしまったのです。

エピクテトスは、私たちがよくやる有益なこと(価値)についての判断ミスこそ怒りを生む原因であるとみている。『語録』の第二巻第一七章[上巻282頁]においてこの判断ミスについて、もう少し詳しく説明している。この章では目の前に現れる心像と戦うための訓練についてふれている。それには「三つのトポス」がある。トポスは場所などを意味しうる語であるが、ここでは領域の意で用いられている。

(a) 欲求と忌避に関するトポス
(b) 衝動と反発に関するトポス
(c) 欺かれず性急な判断を下さないことに関するトポス

トポスに関しては、同書の第三巻第二章[下巻28頁]などにも言及があるが、簡単に説明してみると、(a)は自分が欲しているのにそれが起こらなかったり、欲していないのに起こったりするような場面である。例えば、父親が自分を罵《ののし》ったり殴ったりしたとする。自分が愛する父親が、自分が欲するような行動をしてくれない。そうした場合に、私たちの心によくない感情（パトス）が生まれる。このように対人関係や自分に起きてくる出来事が、自分が望むようなものでないと、悲しみ、不安、妬みなどのさまざまな情念が生まれる。

そして、その中で人はしかるべき行動を求められる。これが(b)である。義務とも呼ばれるが、文字通りには「ふさわしい行為（カテーコン）」である。父親に対してどのような行動をとるべきか。その時に考えるべきは、父親を選ぶことはできないということである。だから、考えるべきことは、自分がこんな父親をもってしまったということではなく、そんな父親に対してどんな態度をとるべきかにある。

さらに、そんな父親を叱るのか、やさしく諭すのかというときに、目の前にある心像をよく吟味して、欺かれないようにせねばならない。これが最後の(c)の段階である。これも性急な行動をしないために必要になる。こうした訓練をつねに心がけねばならない。

メデイアに即して言うと、気高い心をもった彼女は(a)について、人が欲することがうまく実現しないということ、つまり夫との仲が夫の不義によって破綻することがどのようなことかについて、しかるべき心像をもっていた。しかし彼女は次に、「それじゃこうして、この私に不義をなし侮辱した男に罰をあたえなくては。でもこんな悪い奴にはどんな効き目があるかしら。どうやってくれよう。子供を殺すことにしよう。私も罰を受けることだろう。でも、それがどうしたというの」というふうに、(b)夫への復讐の衝動を抱き、(c)その手段として子殺しの判断を下したところで過った、とエピクテトスは考える(同所〔上巻283頁〕)。

エピクテトスの『要録』の冒頭の言葉は第三章にも引用したが、ここでもう一度みてみよう。

われわれの力の及ぶものは本性上自由であり、妨げられも邪魔されもしないが、われわれの力の及ばないものは脆弱で隷属的で妨げられるものであり、本来は自分のものではない。

(『要録』1〔下巻360頁〕)

「自由」という言葉は、本来は政治に関連するもので、自由民であることを意味した。自由民でない者は奴隷である。これには戦争によって獲得された奴隷もいるし、エピクテトスのように親が奴隷であったために生まれつき奴隷である者もいた。この自由という言葉を、人間の精神が束縛を受けないという意味に転換したのは、ヘレニズム以降の哲人たちであった。このことには一大帝国(インペリウム)の下で、多くの市民が政治的な自由を実質的に失っていたことも関係しているが、哲人たちは政治よりも人間の心の状態のほうに目を向け、自分が思い通りに行動することができることを自由の名で呼んだ。

思慮ある人は自由であり、望む通りに物事をおこなう力をもっているが、無思慮な人は奴隷であり、自分にはその力がないことをしようとしている。

（『初期ストア派断片集』III 356）

衝動が暴走して情念が生まれ、それによって人が誤った行動をするのは、ストア派の知性主義では、私たちの心（指導的部分）が正しく判断できなかったことによる。情念を正しくコントロールすることによって、はじめてその人は真の自由を得ることができる。

意志には盗賊もいないし、僭主もいない。

（『語録』第三巻第二二章〔下巻135頁〕）

強靱な意志をもてば、奪われることも支配されることもない、という意味である。マルクス・アウレリウスも『自省録』（第一一巻36〔227頁〕）においてこの言葉を引用している（神谷訳では「自由意志」とあるが、原語は意志〈プロアイレシス〉である)。

精神の城砦を築け

かつて都市国家のポリスには、小高い丘に城砦《じょうさい》〈アクロポリス〉が築かれていた。そこはポリスの中心部として、神殿が置かれ、宗教と軍事との拠点となっていた。エピクテトスはさまざまな情念に打ち勝つことを、この城砦に喩えている。

城砦はどうやって破壊されるか。剣でも火でもなく、人の考えによって破壊される。都市の中にある城砦を壊しても、熱病の城砦を、美女の城砦を壊したわけではあるまい。一般的に言えば、われわれの心の中にある城砦を落とし、その時その時によって顔ぶれは違ってもなにごとにつけ日々にわれわれを威圧する、心の中の僭主を追い出したわけではあるまい。むしろ、われわれはここから始め、ここから城砦を破壊し、僭主を追放しなければならない。

(『語録』第四巻第一章〔下巻 213 頁〕)

フランスの哲学者ピエール・アドは、『マルクス・アウレリウス『自省録』入門——心の内なる城砦』(P. Hadot, *La Citadelle intérieure: Introduction aux Pensées de Marc Aurèle*)という表題の優れた入門書を著したが、マルクス・アウレリウスの根本的な思想を「城砦」という言葉で的確にとらえている。この語は『自省録』では次の箇所に出てくるが、言うまでもなくエピクテトスから深い影響を受けている。

おぼえておくこと。我々の指導理性〔指導的部分〕が難攻不落になるのはどういうときかというと、これが自分自身に集中し、自己の欲せぬことはおこなわずに満足している場合である。これはたとえその拒絶が理性的なものでないときでもそうであるが、ましてあることに関し理性をもって、よく見きわめた上で判断する場合にはどんなであろう。それゆえに、激情から解放されている精神というものは、一つの城砦である。

(『自省録』第八巻48〔159頁〕)

精神という鉄壁の城砦を守っているかぎり、人は自由でありうる。エピクテトスはかつて奴隷であり、その後は解放されるが、またマルクス・アウレリウスはローマ五賢帝のひとりとして、帝国に君臨したが、精神の城砦を築く点では、両者は同じ出発点をもっていた。逆にいわゆる自由民であっても、さまざまな情念に惑わされているかぎりでは、その精神は不自由なのである。

しかしながら、みずからの精神をコントロールし、どれほど訓練を重ねたとしても、人は病気になるし、いつか死が訪れる。そうした時に私たちはどのような態度をとるべきなのか。

人びとを不安にするのは、事柄ではなく、事柄についての思いである。例えば、死はなんら恐るべきものではなく――そうでなければ、ソクラテスにも恐ろしいと思われたであろう――、むしろ死は恐ろしいものだという死についての思い、これが恐ろしいものなのだ。

（『要録』5［下巻364頁］）

私たちが死について恐怖を抱くのは、死そのものではなく、死についての思いのためである。死に限るわけではないが、私たちがそのような事態になったとき、どのような態度をとればよいのか。私たちは自分の生活がよくなるように、なにごとにつけ努力しようとするが、なにごともうまくいくような順風満帆の人生も稀である。そして、そのうち最悪の状況となるのが、病であり死である。

ストア派は人が最悪の事態に遭遇したときに、自殺を勧めたと言われる。一般に哲学史家はこの問題にふれないか、あるいはストア派における特異な主張として片づけることが多かった。次章では、あえてこの問題を回避することなく、取り組んでみたい。

第六章　失ってはならぬもの

――人格と尊厳

セネカの最期
油絵，ルカ・ジョルダーノ作(1684–1685年)

死の倫理

ここまでの章では順に、ストア派の倫理思想を中心にみてきた。私たちにはひとつ問題が残されている。西洋哲学史の中で、ストア派は唯一自殺を容認したと一般には考えられている。ショーペンハウアーは「ストア派の書いたものをみると、われわれは彼らが自殺を英雄的行為として賛美しているのを見出す」(「自殺について」『パレルガ・ウント・パラリポメナ』)と書いている。鹿野治助もかつてエピクテトスに関する唯一の解説書であった本の中で、「ストア哲学においてちょっと怪訝なことは自殺を許したことである。ストア哲学の理想の賢者とも言うべきソークラテースは、自殺を肯定しなかった」(鹿野治助『エピクテートス――ストア哲学入門』121頁)と述べている。本章では、哲学史の中のひとつの常識とされている事柄に挑戦することを試みてみたい。

自殺とは区別されるものとして、「安楽死(euthanasia)」という言葉がある。現代の医療技術の発達によって、人間の命は以前にもまして伸長可能になったが、その反面、時には患者や家族の苦しみを増加させる結果ともなり、医療措置が単に延命のみの効果しかないのであれば、むしろ死を選ぶほうが個人の尊厳にはよいのではないか、という考えもある。そのためか、最近では安楽死よりも「尊厳死(death with dignity)」という言葉のほうが好まれる傾向にある。安楽死はどんな場合にも許容されるわけではなく、延命措置によって死の遅延をはかったとしても、単なる生命的存在として生きながらえるだけで、理性的な能力がもはや失われてしまったときにのみ、その是非が問われる。つまり、個人の人格の同一性が保持されない場合に限られるわけである。このように人間の尊厳は「人格(ペルソナ)」の保持を第一条件とするわけである。

安楽死はもちろん自殺とは異なる。自殺とは自分で自分を死に至らしめることであるのに対して、安楽死は自分の死を他人に委ねることだからである。これは当然のことのように思われるかもしれないが、古代の哲学ではこの区別がかなり曖昧になっている。それでこの問題に入る前に言葉の整理から始めることにしよう。

エウタナシア

安楽死の英語である euthanasia は古代ギリシア語のエウタナシア(*euthanasia*)に由来するが、その意味は「よき死」であって、これが治癒不可能な患者の死期を早めるという意味で用いられるようになるのは、英語でも一八六〇年代に入ってからである。オクスフォードの英語辞典(*Oxford English Dictionary*)での初出は一八六九年になっている。わが国では、本書の最初に紹介した『高瀬舟』のあとがきで、森鷗外がこれにもふれているのが最初の用例ではないかと思われる。喜助が兄弟の自殺を幇助したことについて、

従来の道徳は苦ませておけと命じている。しかし医学社会には、これを非とする論がある。即ち死に瀕して苦むものがあったら、楽に死なせて、その苦を救って遣るが好いというのである。これをユウタナジイという。楽に死なせるという意味である。(「附高瀬舟縁起」)

これらは近代における言葉遣いであるが、一方、古代の用例を少し挙げてみる。

極悪人のリュキスコスが立派な死を迎えたために、当然ながらたいていの人びとはこう言って、運命を咎《とが》めた。「善き人が受けるべき賞であるよき死(エウタナシア)を時には最も悪しき人にあたえてしまう」と。(ポリュビオス『歴史』第三二巻4, 3)

人間が神々に求めて祈ることで、よき死(エウタナシア)にまさるものはなにもない。

(ポシディッポス「断片」18)

二つ目はギリシアの新喜劇詩人の失われた作品にみえる台詞であるが、これらをみると、エウタナシアはよき老年とともに、神々によってあたえられるものであって、患者の死期を早めてやるというような意味ではない。しかし、古代において安楽死が問題にならなかったかと言うと、けっしてそうではないのである。

定められた生活の過程に従って生きていくことのできない者は、当人自身のためにも国のためにも役に立たない者とみなして、治療を施してやる必要はないと考えたのである。

(プラトン『国家』第三巻 407D)

これは治癒不可能な患者について述べたものだが、現代からみれば、なんとも厳しい言葉である。もちろん、現代とは医療制度も異なるから、簡単には比較できない。エーゲ海のケオス島では、食糧確保のために六〇歳を超えた市民はすべて服毒自殺を命じられたとか(ストラボン

『地誌』第一〇巻5,6)、生まれてきた子供に身体的な欠陥があるとみさなれる場合には処分すべきだという嬰児《えいじ》殺害(infanticide)の発言(プラトン『国家』第四巻460C)なども、ポリスの安寧のためには必要な条件であった、ということも考慮しなければならないだろう。

ブタは殺さない

ここまではもっぱら安楽死について述べたが、古代のギリシア語にもラテン語にも自殺に相当する一語の言葉がなかったことにも注意する必要がある。suicide(自殺)という語がもしラテン語にあったとしたら、古代ローマ人にはブタ(sus)殺し(-cida)に聞こえたと思う。英語のsuicideはself-murderの意味であるが、古典語ではもっと広い意味での死が考えられていた。社会学者のデュルケムが『自殺論——社会学的考察』(一八九七年)の中で、「犠牲となる者自身の手によってはたされる、積極的ないし消極的な行為から直接的あるいは間接的に結果し、しかも犠牲者がその結果をつくりだすことを承知しているようなあらゆる場合の死」という、なんとも長い表現で自殺を定義しているが、これはむしろ古代における事例に当てはまるだろう。

例えば、ある指揮官が城砦の防衛を任され、その場に踏みとどまって、祖国のためにあえて死を選ぶような場合、私たちは普通これを自殺とは言わない。むしろ、カントが「義務を遵守するために、みずからの命を賭《と》して敵と相対し、みずからの命を犠牲にするようなことは自殺ではない」(P. Menzer, *Eine Vorlesung Kants über Ethik*, 188)と言っているが、こちらのほうが私たちのイメージに近いと言えるだろう。一方、ラテン語で自殺に相当する語句である vim adferre sibi[suae vitae]〔自分自身に〔自分の命に〕対して力を行使する〕などは、必ずしも自分の手でみずからを死に至らしめることだけを含意していなかった(*Oxford Latin Dictionary*, ad vis(2b))。むしろ、右に挙げたような祖国の防衛のための死も安楽死なども、その中に含まれていたのである。

ソクラテスの自殺否定論

以上の点を踏まえたうえで、哲人たちの言葉を確認してみよう。

プラトンの『パイドン』では、ソクラテスがピタゴラス派の説を紹介しながら、自殺の禁止について語っている。

この問題〔自殺〕に関する秘教的な教義によると、われわれ人間はひとつの囲いの中にいるのであって、けっして自分をこの囲いから解放したり、逃亡したりしてはならないのだという。〔中略〕神々はわれわれに配慮しており、われわれ人間は神々にとって所有物のひとつなのだ。

（プラトン『パイドン』62B）

この秘教的（文字通りには、他言してはならない）教義というのは、当時の神秘宗教であるオルペウス教のことで、ピタゴラス派もこれに関与していたと想定されているが、実のところは秘教的と言うだけあって、よくわからない。「囲い」というのは、オルペウス教では肉体を人間の牢獄とみる思想があったから、肉体という牢獄のことかと思われる。したがって、囲いから解放するというのは自殺を意味するわけである。これに関しては別の解釈もあるが、ここでは立ち入らない。また、同時代のピタゴラス派のピロラオスと関係させられているから、この自殺禁止論はピタゴラス派の教団の説と考えるべきであろう。

こうした詮索は哲学史の研究者に興味があっても、今の私たちにはそれほど重要なものではない。むしろ、私たちが注意しなければならないのは、このソクラテスの発言が実は自殺の全面的な禁止になっていないことである。右の箇所のすぐ後で、ソクラテスはこう言っている。

げんに今僕が遭遇しているような、なんらかの必然を神が下すまではみずから命を絶ってはならないのだ。

（プラトン『パイドン』62C）

ここで「僕が遭遇しているような、なんらかの必然」というのは、ソクラテス自身の刑死のことでなければならないから、彼は自分が死刑になることを自殺だとみていることになる。当時のアテナイ社会では、刑の執行は毒ニンジン(hemlock)の汁を死刑囚が自分で飲むという方法でおこなわれていた。宗教的な意味としては、他人に手をかけることで生じる穢《けが》れを回避する目的があったのだろうと思われる。

いずれにせよ、ソクラテスの自殺禁止論は刑死のような事例は除外されていたことになる。この「必然」の具体的な例は、ほかにもプラトンの晩年の作である『法律』の中でも自殺を禁じた文脈の中で語られている。

私が言っているのは、運命が定めた寿命を無理やり奪って、みずからを殺《あや》めた者のことです。つまり、(a)国家が裁判によって科したのでもなく、(b)非常に苦しく逃れることのできない運に見舞われて、やむをえずそうしたわけでもなく、(c)なにか救いようのない、生きてもいけないような恥辱を受けたというのでもなく、むしろ怠惰で男らしさを欠いた臆病のために、自分自身に不当な罰を科した者のことです。　（プラトン『法律』第九巻873C）

ここでもみずからの死が避けがたい例として、怠惰な精神ゆえの自殺と区別されるかたちで、三つが挙げられている。ソクラテスの刑死は(a)であり、安楽死は(b)に含まれるであろう。こうした特別な事例について、熱心に研究したのがストア派である。

ストア派の自殺論?

自殺の問題が特にストア派と関連させて論じられることが多いわけは、始祖であるゼノン、クレアンテスなど、自殺を遂げている哲学者がいるためである。ゼノンは老年になって、つまずいて倒れ、足の指(または手の指)を骨折した。そこで、彼は大地を拳《こぶし》で叩《たた》いて、「今行くところだ。どうしてそんなに私を呼びとめるのか」(劇の台詞)と叫んで、その場で息の根をとめて死んだという(ディオゲネス・ラエルティオス『ギリシア哲学者列伝』第七巻128)。クレアンテスもまた、歯茎の病気のために絶食していたが、医者からもう食事をとってもよいと言われたとき、そのまま絶食を続けて死んだとされる(同巻176)。これらの記事を読むかぎりでは、自殺の礼賛のようなものは見出されない。

初期ストア派の自殺についての見解にふれているのは、次の箇所である。

賢者は理性にかなうしかたでなら、(a)祖国や友人のために みずからの命を絶つこともあるだろうし、(b)激しい苦痛、手足の切断、不治の病に苦しむ場合にもそうするであろう。

(『ギリシア哲学者列伝』第七巻130)

ゼノンもクレアンテスも九八歳で亡くなっているが、自分に起きた出来事を、明らかに死ぬべき時が来たという神からの合図と考えていた。ストア派は自分たちの思想の典型をソクラテスにみて、その生きかた、とりわけその死にかたを理想としていたから、自殺についての見解も両者において一致していたとみるべきであろう。

ただし、右の文章で気になるのは「賢者」という表現である。賢者がストア派にとって人間の理想的なありかたであることは、すでに述べた。賢者はいわば人生の達人として、アパテイア(無情念)を体得した者である。気になると言ったのは、右の規定が人間一般に当てはまるというよりは、賢者にのみ適用されるようにも読むことができるからである。これに関連して、キケロはストア派の立場について次のように言っている。

賢者は幸福であっても、この生から出ていくことがふさわしい行為（義務）であり、愚者は不幸であっても、この生にとどまることがふさわしい行為（義務）である場合がある。

（キケロ『善と悪の究極について』第三巻60）

これと同様のことを、プルタルコスはもう少しこみ入った議論の中で述べているが（『ストア派の自己矛盾について』1042D）、いずれにせよこの問題への対処のしかたについて、賢者と愚者の間に区別をもうけていることは明らかである。ストア派によれば賢者は無情念の域にまで達した者であるが、それ以外はすべて愚者である。

彼ら〔ストア派〕はこう言っている。「海で水面から一ペーキュス〔およそ四四センチ〕下にいる者は、五〇〇オルギュイア〔およそ五〇〇メートル〕下に沈んでいる者に劣らず溺れているが、それと同様に、徳の近くにいる者も徳から遠く離れている者に劣らず悪徳の中にいるのだ」。

（プルタルコス『共通観念について――ストア派に答える』1063A）

つまり、海面すれすれのところにいる者も、海の底に沈んでいる者と比べて、溺れていることはことにおいてはなんの違いもないように、徳を修得しようとする者も、徳からほど遠い者と同様に悪徳の中にいる。愚者であることに変わりはないわけである。したがって、この世にいるかどうかわからないような賢者を除けば、すべてが愚者であることになる。

先にも述べたが、中期以降のストア派には、初期ストア派にみられるような選民思想はあまり強調されず、むしろ徳に至る過程が重要視されるようになる。そして、自殺の問題は後期のストア派の文章の中にしばしば登場するが、人間一般の問題として扱われることになる。

ローマのストア派の議論には、共和制末期に保守派を代表してカエサルに対抗するが、敗れて自殺したマルクス・ポルキウス・カトー・ウティケンシス(大カトーの曽孫で、小カトーと呼ばれる)の死が、ソクラテスの刑死に比肩《ひけん》しうるものとして登場する。プルタルコスを信用するならば、カトーは死の直前にプラトンの『パイドン』を繰り返し読んでいたとされるから(『小カトー伝』67–68)、ソクラテスの死をみずからの死のモデルとして考えていたことは十分に想像できる。キケロもまた、ソクラテスの死とカトーの死を比較しながら、自殺は神の許しなしにはなんぴとにも許されないが、カトーにはそうする正当な理由(カウサ・ユースタ)があたえられたのだと言っている(『トゥスクルム荘対談集』第一巻71–75)。

後期ストア派で、カトーの死を例として挙げながら、自殺について繰り返し語った哲学者はセネカである。このことはローマの政争の中で生きたことを考えれば当然とも言えるが、皇帝ネロの命令によってセネカ自身が六五年に自殺している（そのありさまは、タキトゥス『年代記』第一五巻 62–64 やディオン・カッシオス『弁論集』第六二篇 25 に詳しい）。

セネカは「出口は開いている」あるいは「自由に至る道」と婉曲的な表現を用いているが、自殺に関して何度も言及している。

出口は開いている。君たちが戦いたくなければ、逃げ出してもよいのだ。だから、私が君たちに必要だと考えたあらゆることのうちで、死ぬことよりも容易なことはなにもつくらなかった。（『摂理について』6, 7）

われわれが言いたいことは、どんな屈辱的な状況にあっても、自由に至る道は開かれているということだ。心は悲しんでも、自分の過誤のせいで悲惨であっても、自分でその悲惨を終わらせることができるのだ。（『怒りについて』第三巻 15, 3）

研究者のうちには、セネカの見解を伝統的なストア派から逸脱したものとみる人もいるが

（例えば、J. M. Rist, *Stoic Philosophy*, 246–250）、セネカの場合でも、どんな自殺でも容認されるわけではなく、無分別な死が諫《いさ》められるのはほかの哲人たちと変わらない。

私は苦痛のゆえに自分の身に手をかけることはしないであろう。そのような場合には、死に負けているのである。しかし、私が永久に苦しまねばならないことがわかれば、この世から出ていくであろう。それは苦痛そのもののせいではなく、私がそのために生きているいっさいのものにとって、そのことが妨げとなるからである。苦痛のせいで死ぬ人間は弱くて臆病だが、苦痛を受けるために生きる人間は愚かである。（『倫理書簡集』58, 36）

この書簡は皇帝ネロの脅威が迫っている頃のものであるから、セネカは間もなく自分が甘受せねばならない運命を思い浮かべながら書いたのだろう。セネカの次はエピクテトスである。エピクテトスは自然にかなった自殺を容認しているが、彼もストア派の基本的な考えかたから逸脱していない。

神が合図して、君たちをこの奉仕から解放してくれるとき、その時にこそ神のところへ立ち去るがいい。だが、現在のところは我慢して、神が君たちを配置したその場所に留まっているのがいいのだ。

（『語録』第一巻第九章〔上巻68頁〕）

もし私がそれほどあわれな境遇にあれば、死ぬことは港になる。死はすべての人の港であり避難所である。

（『語録』第四巻第一〇章〔下巻305頁〕）

すでにみたように、ここで言われるような自殺はストア派独特の思想ではなかった。ソクラテスが自殺を認めているのは、神が人間に（運命の）必然を送る場合であったが、ゼノンは老齢になって自分の指の骨折をそのような神の合図だとみなして自殺したし、エピクテトスも同様な考えをもっていた。この神の合図という条件はセネカにおいては無視されているという見方もある（Rist, *ibid.*, 247）。たしかに、セネカは神の合図の必要性についてエピクテトスほど明確に語っていない。しかし、その彼も「事態が強要するさいには」（『倫理書簡集』26, 10）、「理性が生を終わらせるように説得するさいには」（同 24, 24）など保留条件をつねにつけているから、その意味では、セネカもまた正当なストア学徒のひとりであった、と言うことができるだろう。

エウロゴス・エクサゴーゲー

後期ストア派から、自殺が容認されているケースをまとめてみると、以下の三つに分けることができる。

⑴ 国や友人たちのために自己を犠牲にせねばならないとき。これは初期ストア派でも挙げられているが、「祖国のために死んで、自分と引換にすべての同市民の安全を買う」(セネカ『倫理書簡集』76, 27)ことが自殺の例として考えられている。

⑵ 慢性的で苦痛を伴う病気、老齢からくる衰弱に悩むなどの場合。これも初期ストア派が挙げていた条件であり、今日の言葉では安楽死が相当する。セネカもこのようなケースについて語っているが(同 30, 61)、これは病床にある者に安易な自殺を勧める意味のものではなく、先に引用したように、「苦痛そのもののせいではなく、私がそのために生きているいっさいのものにとって、そのことが妨げとなるからである」(同 58, 36)。

⑶ 死によって個人の尊厳が失われるのを防ぐことができる場合。初期ストア派では言及されていないが、これもすでにプラトンがそのひとつに数えていたケースである。これには例えば女性が自殺のほかに辱《はずか》しめを免れることができないような場合であり、ローマではセクストゥス・タルクィヌスから凌辱を受けた後自殺したルクレティアの例が(これは史実と言うよりは、

伝説に近いものであったが)、当時よく知られており(リウィウス『ローマ建国以来の歴史』第一巻58)、アウグスティヌスを悩ませた問題でもあった(『神の国』第一巻19)。セネカはこれとは別に、奴隷となることを強いられて自殺したスパルタの青年の例を挙げている(『倫理書簡集』77,14-15)。ここでセネカは自由(リーベルタース)という言葉を使っているが、その自由は個人の尊厳(ディーグニタース)を守るためのものであって、無抑制な自由のことではない。

以上のようなケースでの自殺をストア派は「エウロゴス・エクサゴーゲー」と呼んでいる。文字通りの意味は「理にかなった退出」である。このような自殺を容認した理由に関しては、哲学史家がさまざまに推測している。ひとつは、すでに第三章で述べたように、ストア派にとって死は生や健康、病気とともに善悪と無関係なもの(アディアポラ)とみなされていたから、とする解釈である。死がそれ自体として悪ではないとしたら、これを恐れる理由はないことになる。そして、死が恐るべきものでないとしたら、自殺が是認されても不思議はないことになるだろう。しかしながら、ストア派はすべての自殺を認めるわけではないから、特定の自殺を容認する理由としては不十分である。

もうひとつの解釈は、人間の自由な意志が自殺を可能にすると考えることである。ここで言う「自由」とは、自分で行動することが可能であるということであり、隷属はその欠如を言う

（ディオゲネス・ラエルティオス『ギリシア哲学者列伝』第七巻121）。自由は後期ストア派においてはじめて自殺と結びつけて語られる。これは帝政時代のローマにあって、人の生命が容易に脅かされていたなかで、唯一開かれた出口が自殺しかなかったことを考えれば、当然とも言えるだろう。当時は自殺こそ自由の証《あかし》として、真に魂を解放するものであった。けれども、この自由も自殺に至る十分な根拠だとは言えないようである。右に三つのケースを挙げたが、これらのすべてについて自由の確保が該当するとは言えないからである。さらに根本的な理由として考えられるものを示す必要があるだろう。

人格主義として

ストア哲学では、人間らしく生きることとは、理性をそなえた人間として生きることであったが、これは人間としての「尊厳」を保持しつつ生きることにほかならない。エピクテトスの『語録』にこんな一節がある。すでに紹介したが、もう一度みておこう。

「さあ、エピクテトス、鬚《ひげ》を剃りなさい」

私が哲学者であれば、「鬚は剃らない」と言う。

「それでは、お前の首を切ろう」
もしそのほうがよければ、切りなさい。

（『語録』第一巻第二章〔上巻33頁〕）

当時の哲学者はきまって顎鬚《あごひげ》を生やしていた。顎鬚を剃ることなどなんでもないと思われるかもしれないが、哲学者でなくなることを含意している。引用した箇所は、「どのようにして人はあらゆる場合に人格にかなったことを保持することができるのか」という表題の章に出てくる。この章にはヘルウィディウス・プリスクスという名の同時代人が登場する。熱心な共和制支持者で、帝政には批判的であったために、ローマから皇帝のウェスパシアヌスによって追放され、後に処刑されるが、古代の人名辞典などにはまず出てこないような人物である。皇帝が彼に使いを送って、元老院に来させないようにする。以下は両者の間で交わされた問答である。これも序章で紹介したが、もう一度掲げておこう。

「元老院に来させないようにするのはあなたの自由だが、私は元老院議員であるかぎりは行かねばならないのだ」
「それでは、来ても黙っていろ」

「私を詮議するのはやめていただきたい。そうしてくれるなら、黙っていましょう」

「いや、わしは詮議しないわけにはいかないのだ」

「では、私も正しいと思われることを言わなければなりません」

「しかしお前が話すのなら、お前を殺すことになるだろう」

「私が不死な人間だといつあなたに言いましたか。あなたはあなたのことをするでしょうし、私は私のことをするまでです。あなたのすることは殺すことであり、私のすることは恐れることなく死ぬことです。あなたのすることは追放することであり、私のすることは悲しむことなく立ち去ることです」


（『語録』第一巻第二章［上巻31-32頁］）

エピクテトスが挙げるのはいつもこのような、自分の信念を貫くには死という選択肢しか残されていないような場面である。これとは対照的な事例として、召使のように人に便器を差し出すという例が出てくる。古代ローマには公衆トイレがあったが、私宅では主に便器（おまる）が用いられ、これを主人に差し出す専用の奴隷がいた。便器を差し出さなければ、殴られるだけでなく、食いはぐれることになるが、その仕事が辛くても、差し出すならばひどい目に遭わなくてもすむ。

行って便器を差し出すようにしたまえ。
「しかし、それは私に似合わない仕事です」
それについて考えねばならないのは、私ではなく君だ。というのは、君にはどれほどの値打ちがあり、どれだけの値段で君を売るのかについて、つまり君自身のことについて知っているのは君なのだから。自分を売る値段は人によって違っているのだ。

（『語録』第一巻第二章［上巻 29–30 頁］）

自分の値段を決めるのはその人の人格と関わっている。その人の人格次第で値段も変わるわけで、安く売るか、高い値をつけるかを決めるのはその人自身である。

ここで人格と訳されたギリシア語は「プロソーポン（*prosopon*）」という。「顔」の意味であるが、同時に劇で役者がつける「面」やさらに劇中の「配役」の意味にもなる。ラテン語ではペルソナと言うが、ギリシア語の「面」や「配役」の意味を受け継いでいる。これが近代において「人格（パーソナリティー）」に変容する。和辻哲郎に「面とペルソナ」という短篇があるが、和辻が注意しているように、「面」が「人格」の意味に転換されるためには、最初に「面」

が「配役」の意味に変化したところが重要なのであろう。つまり、面が単に顔面彫刻として眺められるだけではこの変化はないが、面が生きた人をおのれの肢体として獲得する力をもつことによってはじめて、配役となり人物となることができる。

哲学史においては、プロソーポン（ペルソナ）が人格の意味を獲得するのに最も貢献したのは中期ストア派のパナイティオスである。彼の著作は失われたが、キケロの『義務について』の第一巻において紹介されている。それがさらに近代において、カントの人格性（Persönlichkeit）の概念などに受け継がれていくわけである。

いずれにしても、ストア派の哲学において自殺という局面が問題になるのは、個人の尊厳、すなわち人格の喪失が個人の存在の喪失を結果させるような場合である。この尊厳や人格の喪失を防ぐための手段が自殺であった。この場合の自殺は、すでに指摘したように、今日的な意味よりも広い意味を含んでいたことは注意されてよいであろう。

安楽死と古代の自殺論

ストア派の自殺論は彼らに独特なものではなく、ソクラテスやプラトンにも同様の考えかたがあった。もっとも、これを現代の問題としてとらえ直した場合には、例えば安楽死という問題をとってみても、医療技術が格段と進展しているために単純な比較はできない。現代における安楽死の問題は、生命の尊厳(Sanctity of Life, SOL)と生命の質(Quality of Life, QOL)の二律背反をいかに解くかにかかっていると言うことができるだろうが、古代の哲人たちは生命をいたずらに伸長させることに批判的である点では、軌を一にしていた。今日では生命の尊厳を絶対的な原理として、生命の質のほうはむしろ相対的な原理のようにみなされる傾向があるが、古代ではその逆が当てはまると言ってよい。生命の質が主観的な判断を許すように思われるのは、個人の福祉や幸福を今日の私たちがもはや絶対的価値を有するものとみることができないからにほかならない。

しかしながら、何がその個人にとって最も善であるか、最も利益になるかは、古代の哲人たちがつねに問いかけた問題であった。個人の生命の尊厳を守ることは、その人にとって何が最も善であるかの考察をぬきにしては語られないだろう。ソクラテスが言っていた「よく生きる」ことの意味は、このような面からも問われねばならないのである。

終章では再び幸福論に戻って、古代の哲人たちの語ったことについて考えてみたい。

終章　哲人たちの人生談義

エピクテトス
C. レイデレ原画，S. ベイサンによる銅版画（1772 年）

心の豊かさを求める

人は何のために生きるのか。古《いにしえ》の哲人たちは、人間は幸福のために生きると考えた。しかし、これではほとんど答えになっていないと思われるかもしれない。生きる目的を幸福という名で呼んだだけのことであるからだ。ストア派とエピクロス派は、幸福を求めるために異なる生きかたを示したが、外にあるものではなく、心の内的なありかたに求めたという点ではよく似ていた。

モーリス・メーテルリンクの『青い鳥』の童話で、チルチルとミチルの兄妹が夢の中で老婆に出会い、病気の娘のために幸福の青い鳥を探しにいくように頼まれる。二人は青い鳥を求めて旅に出るが、どこに行っても探しあてた青い鳥は死んでしまう。疲れきった二人が、母親の声で目を覚ますと、家の鳥かごに青い鳥がいるのをみつける。この童話は、幸福が家の外ではなく、案外身近なところにあるということを暗示させる。つまり、哲人たちがむずかしい論議で提示したものを、メーテルリンクはやさしい童話でみせてくれたのだ。

哲人たちはアウタルケイアという言葉を使っていた。足るを知るということである。豊かさを外に求めても、これには際限がないだろう。新しい衣服や装飾品は気持ちを新たにしてくれる。明日はこれを着ていこう、付けていこうと思う。しかし、時間が経過すると、別のものが欲しくなってくる。所有には限界があるから、古いものを捨てねばならない。新しいものを購入し、古いものを処分する。これを際限なく繰り返すことに喜びを見出す人もいるが、キュニコスの徒のように、むしろ所有を最小限に留めて、満足を得ようとする人もいるかもしれない。キュニコスの徒は家をもたなかったが、家がないと途端に寝る場所の心配をしなければならないだろう。足るを知ると言っても、その程合いはなかなかむずかしい。

ストア派はキュニコスの徒とは異なる。ストア派は、富も名誉も、さらに健康までも、それ自体として善ではないと教えたが、それらがないことが善なのではなく、それらをどのように用いるかに、善と悪があると考えた。この考えはソクラテスに遡る。

けれども、外的なものが善でも悪でもないということは、結局どのようなことだろうか。ストア派によれば、健康も病気も、さらに死も外的なものであるが、そうするとそれらに対して私たちは無関心であればよいのだろうか。もしそうだとしたら、私たちは健康であろうと努力することも、病気から回復しようとすることも無駄だということになる。しかし、自分の死であれ、他人の死であれ、死に対して関心をもたないことなどできるのだろうか。

中間的なものの存在位置

繰り返すが、ストア哲学では、生と死、健康と病気、老年、貧窮、財産、名誉や地位といったものは、すべて善でも悪でもなく、善悪無記なものであるとみなされていた。けれども、こうしたいわば外的な条件が、人間の幸福といっさい関係がないとすることには、どうしてもためらいが生じる。死ぬよりは生きるほうがいい。病気よりは健康でありたい。老年は辛い。お金はないよりもあるほうがいいではないか。名誉や地位はなくてもよいかもしれないが、あればあったでうれしいものだ。そう考えるのが人情というものであり、なかなか簡単に割り切れるものではないだろう。

そのためアリストテレスが幸福の規定に追加の条件をもうけたことについてはすでに述べた。幸福な人は、身体における善、外的な善、さらに偶然をあわせ必要とする。大きな不運に見舞われた人を、その人が善き人だからといって、幸福な人と主張したりするのは、たわごとを言っているのだ、と彼は言っていた。そのために、アリストテレスの幸福の規定にはある種の歯切れの悪さがあったが、その分だけ私たちの現実により近いと言うことができるだろう。

アリストテレスがもうけた追加条件と似たものがストア派にもみられる、と指摘する人たちもいる。キケロはこの善悪無記を表すギリシア語のアディアポラを「中間的なもの(メディア)」というラテン語で表現している(『善と悪の究極について』第三巻53)。外的な事柄は善と悪の中間に位置するからである。しかし、中間にあるということは具体的にはどのような意味なのか。クリュシッポスは外的な事柄でも、「頭髪の数が偶数か奇数か、あるいは指を伸ばしているとか曲げているとか」(ディオゲネス・ラエルティオス『ギリシア哲学者列伝』第七巻104)は今の議論とは関係がないと言っている。それに対して、私たちはなんの衝動も反発も感じないからである。しかし、自分の体が健康か病気かに関しては、私たちはそれに衝動や反発を感じる。なぜなら、私たちの行動がそれらに対して利益があるかないか(これがこの場合の善悪の意味である)を感じとるからである。

そのため初期のストア派は、健康であることは善悪のいずれでもないが、しかし「優先されるもの(プロエーグメノン)」だと考えていた。哲学的な立場としてはプラトンの学園のアカデメイア派に属するプルタルコスが、そこにストア派の矛盾を見出して、ゼノンを酸っぱい葡萄酒をもっていて、酢としても葡萄酒としても売ることができない商人に喩えたことについては、すでにふれた(第三章参照)。

プルタルコスの批判などがあったせいか、後期ストア派になるとこの「優先されるもの」という観点はほとんど重要視されなくなる。しかし、そのようなことははたして可能なのだろうか。

ストア派の哲学に基づいた啓蒙書を出しているW・B・アーヴァインについては、第三章でもふれた。彼は外的なものとして「テニスの試合に勝つ」という事例を挙げて、試合に負けることはあるかもしれないが、まったく力が及ばないわけではなく、勝つチャンスもないわけではない、と考えている。つまり、彼によるとエピクテトスが言っている「われわれの力の及ばないもの」は、完全にはわれわれの力が及ばないという意味なのである(W. B. Irvine, *A Guide to the Good Life: the Ancient Art of Stoic Joy*, 99f.[邦訳 102f.])。エピクテトスが「われわれの力の及ぶもの」と「われわれの力の及ばないもの」というように分けているにもかかわらず、この明確な二分法を緩めようとする気持ちは推察できる。これは右の「優先されるもの」に関する議論とよく似たところがあるだろう。

けれども、アリアノスが書き残した『語録』や『要録』をみるかぎり、そのような限定つきの発言はみられないようである。それにもかかわらず、このような議論が出てくるのはなぜかと言うと、それはストア派が外的世界を無視し、自分の内面の世界にだけ閉じこもっているという印象をあたえないようにするためである。つまり、死も生も、健康も病気も自分にとってなんの関係もないのだとすると、ストア派の哲学は外界のことをすべて断念して、自己の内面に閉じこもろうとするきわめて消極的な思想だと考えざるをえないであろう。

しかしながら、注意しなければならないのは、ストア派は自分たちがそれらに関与しないと言っているわけではないことである。それらは人間にとって有益性に関わってくるから、関与しないことなど不可能だと言ってよい。ただし、それらがあるから善、あるいは悪だというのではなく、それらの用いかた次第ではじめて善悪が分かれてくる。善悪無記とはそのような意味であった。

ここに二つの飴があるとしよう。ひとつは甘い飴で、もうひとつは塩辛い飴とする。前者を口に含んだときは、「ああ、甘い飴だ」と判断して、食べようとする。これが衝動である。一方、後者の場合には、「なんて塩辛いんだ」と判断して、口から吐き出すであろう。これが反発である。しかし、よく考えてみると、「甘い」とか「塩辛い」とかは飴そのものに属しているわけではなく、知覚者がいてはじめて成立するものである。これと物事の善悪を比較してみると、味の方はたいてい決まった知覚をもたらすが、善悪のほうは判断する人間次第で変わってくるから、より複雑になる。しかし、物事にそうした性情があるわけではないという点では、同じだと言うことができる。

問題は、善悪の判断の場合にはさまざまな心像が出現することにある。目の前に現れる心像を吟味し、時にこれと戦うことはけっして容易ではない。つまり、心像が何ものであるかを正しく認識することは重要である。しかし、それだけでは十分ではない。歩いたり走ったりすることで、歩行や疾走の能力が増進するように、あるいは読んだり書いたりすることで、読み書きの能力が増進するように、倫理的な行為もたえずそれを実践する必要がある。

例えば、病気である。病気は忌避すべきであるが、避けがたいことであり、病気にかからずにすむことはできない。しかし、病気になると肉体は思うようにいかないが、自分の意志まで不自由になることはない。つまり、ほかのなにかの妨げになっても、自分自身の妨げになることはない。

病気は肉体の妨げになるが、意志みずからが欲するのでないかぎり、意志の妨げにはならない。足が不自由なのは足の妨げとなるが、意志の妨げとはならない。君に起きるどんなことについても、そのように言うのだ。それがほかのものの妨げとなっても、君の妨げとはならないことが分かるだろうから。（『要録』9［下巻366頁］）

病気がもたらすさまざまな心像に対処するために、強い意志をもたねばならない。心像に対して自分自身を鍛える必要があると言われるのは、そのような意味である。ストア哲学はこのような実践を求める思想なのである。外のものに対してではなく、むしろ各人の内面に向かうことになるが、このことは外部の出来事を無視して、内に閉じこもることを意味しているわけではない。

プルタルコスをはじめストア派に対しておこなわれた批判は、簡単に言えば私たちの常識に反するということである。ストア派の言う賢者については、海面近くにいる人も海底に沈んでいる人も溺れている点では同じであるように、徳の近くにいる人も遠く離れている人もいまだ徳を獲得していないという点では等しく愚者だと言われると、では完全に徳を修得した賢者などいるのだろうか、と反論したくなる。私たちの世界も生活も完全に運命に支配されていると言われると、では私たちの意志の自由はどこにあるのか、すべてが決定されているのだとしたら、すべての努力は無意味ではないのか、と言いたくなる。死も生も、病気も健康も、貧困も富も、すべて外的なものであり、善悪とは無関係であると言われると、死も病気も貧困もすべて嫌いだ、むしろ健康で豊かで楽しい人生を送りたい、と思うだろう。このようにストア派の哲人たちは、私たちがあたりまえと考えていることを、まっこうから否定しているようにみえる。

けれども、不思議なことに、一見常識から遠く離れていると思われるストア派の哲人たちの書物が、ヨーロッパにおいて長きにわたって読み継がれてきたのである。古代の哲学を学びたい人はプラトンやアリストテレスの書物を読むだろう。しかし、人生論と言えば、ローマ時代のストア派の哲人の書物を繙《ひもと》くことが多い。それはなぜかと言うと、哲人たちの言葉が私たちの心の琴線にふれるからであろう。

人生の意味

私たちは多忙な日々を送っていると、人はなぜ生きるのかとか、人生の意味などは考えない。そんな暇はないのだ。しかし、なにかの折りに、それはいろいろな場合が考えられるが、事故に遭って生死の境をさまようとか、あるいはそんな大変なことでなくても、夕闇が迫るひと時に、ぼんやりと自分が生きてきたこと、自分の生について考えることがある。パスカルは「気を紛《まぎ》らすこと。人は死や不幸や無知を癒《いや》すことができなかったので、幸福であろうとして、それらについて考えないことにした」(『パンセ』168 Brunschvicg)というようなことを言っている。気を紛らすこととはフランス語でディヴェルティッスマン(divertissement)と言うが、文字通りにはほかに注意を向けることである。パスカルはそこに人間の悲惨さを感じとったが、そのことは別としても、私たちの生そのものと向きあうことはなかなかできないものだ。

生きがいという言葉があるが、若い時はスポーツや将来の仕事を目標に立てる。家庭をもつと家族のために働く。家族の喜ぶ顔を想像しながら働くのは、けっして悪くはない。しかし、そうした目標がなにかの偶然で失われることもある。あるいは、現代のような繁栄した豊かな時代にいながら、生きる目標すら見出せないことだってある。私たちが人生の意味を考えるのは、そんな時なのだろう。

生命はたしかに大切だが、生きるということが人生の最終目標になると、ではその生きることとは何のためかということが考えにくくなる。そのために、古の哲人たちは、死というものを視野に入れて生きることを教えていた。もちろん、これは禅家が「生死事大、無常迅速」と言っていたのと同じことだとも言えるかもしれない。けれども、人生に無常を感じるとしても、その無常観からいかに脱出すべきかについては、哲人たちが語ったことはさまざまであった。本書では、そのような哲人たちの言葉の中から、とりわけストア派を中心にとりあげ、彼らの思想がけっして諦めの哲学ではないことを示すように努力した。もっとも、それを読まれた読者の方がどのような印象をもたれるか、それはまた別の問題である。

ストア哲学から学ぶ?

ローマのストア派の哲人たち、特にセネカ、エピクテトス、マルクス・アウレリウスの書物は、ヨーロッパにおいて長く読み継がれてきた。一方、ギリシア時代の初期ストア派や中期ストア派の書物はことごとく散逸した。彼らの言葉を残したいわゆる「断片集」は、後代の著作家たちによる言及を寄せ集めたものである。ローマの哲人たちは、ギリシア時代の哲人たちの書物に目を通し、深く影響を受けたから、そうした書物の一部が残っていてもよさそうなものだが、なにひとつ残っていないのである。

ローマのストア派の哲人たちの書物は、ギリシア時代のものと比べると、明らかに議論の厳密性に欠けるところがあるが、それでも多くの読者を獲得した。この点では、エピクロス派のほうは対照的で、ローマ時代でも貴族の中にエピクロス哲学に関心を寄せる者がいたが、ストア派のように広範に読まれることはなかったように思われる。

近年、エピクテトスやマルクス・アウレリウスに関連する自己啓発本が、人生論の書物としておびただしく刊行されている。これは英語圏が中心だが、わが国でもそうした書物の翻訳が少しずつ出ている。逆境にあるとまで言わなくても、どうも思うようにいかない。さまざまな障害が現れ、どのように対処すればよいのかに迷う。そんな時に、ストア派の自己啓発本は生きるための知恵を教えてくれるわけだ。

けれども、古代の哲人たちの遺したものからなにかを学びとるというのは、結局どういうことなのだろうか。最後にこのことについて考えて、本書を終えることにしたい。哲学を学ぶということと関連してしばしば引用されるのが、カントの次のような言葉である。

> 哲学は、歴史的にというのでなければ、学ぶことはできない。学ぶことができるのは、理性に関連することについて、せいぜい哲学するということだけである。
>
> （強調原著者、『純粋理性批判』AT, III, B865）

カントが言っている意味は、同書の直前の言葉を読むことによって明らかになる。ある哲学体系を学んだだけの人は、その学説全体の区分に従って、その原理も説明も証明もすべて頭に入れたとしても、その哲学の理解は、あたえられたものを受け取るというように、歴史的な知識を得たということ、つまり自分にあたえられたものを知っているだけである。その人は他人の理性に従って、これをまねて自分をつくっているわけであるから、自分が知っていると思っても、その人の理性から出たものではない。要するに、それは歴史的な知識でしかないのである。

カントのこの言葉が正しいとすると、私たちは哲学を学ぶことができなくなるかもしれない。しかし、哲学を学ぶのが無意味だということではなく、歴史的にのみあたえられたものを、自分の理性であらためて考えるということであろう。これがカントの言いかただと、「哲学する」ということになる。

これと同じようことを、プラトンも別のかたちで語っている。彼の書簡集の中の『第七書簡』は最も長大で、しかも真偽にも問題があるが、その中に「知の飛び火」について述べた有名な一節がある。

〔哲学の知は〕ほかの学科のように言葉で言い表すことがけっしてできないものである。むしろその事柄そのものについて何度も交わりを重ね、生活をともにするなかで、忽然として、あたかも火が飛んできて光明が点じられるように、学ぶ人の魂の内に芽生え、その後は自分で自分を育てるようになるのだ。

（『第七書簡』341C）

プラトンはかねてより書かれた文字にのみ頼ることを諫《いさ》めていた(『パイドロス』275A)。書かれたものはこれを思い出すことには役立つが、書かれたものを所蔵していることは、知恵を所蔵していることではない。この書かれたものが、紙に書かれた書物であれ、今日のようにデータベースで保管されていたとしても同じことである。たしかに保管された文字情報は、書かれたそのままのことを読み手に伝えてくれる。しかし、そのことはその事柄について知ることではない。もちろん知識の種類はさまざまであり、情報がそのまま知識である場合は少なくないのであるが、哲学の場合にはそうした情報的な知識と同じではなく、あらためてそれについて自分で考え直してみる。プラトン風に言えば、学ぶ人の魂(心)に光明が点じられるようになるまで考えるということが必要になる。

哲学書はたしかに難解な書物である。数行読んだだけで辟易《へきえき》してしまう人もいるだろう。しかし、難解な書物を理解できることが哲学をすることではない。当時ストア哲学を学ぶ者たちは、まずクリュシッポスの著作をテキストとして読むことから始めていた。彼の著作はすべて散逸したが、断片資料を読むだけでも、なかなかむずかしいものであったことがわかる。しかし、自分はクリュシッポスの本を理解できるし、説明もできると自慢している人がいたら、エピクテトスは自分にこう言い聞かせることだと言っている。

「もしクリュシッポスが不明瞭な書き方をしなかったら、この人は自慢できることがなにもないことになるだろう」（『要録』49〔下巻399頁〕）

私たちが哲学書を読んで自慢できることは、その書物について理解できることではない（同所〔下巻400頁〕）。それはカント風に言えば、歴史的な知識として学んだだけのことである。哲学の知が科学的な知識と異なるとすれば、それは情報の伝達だけでは学べないということであろう。かといって、もちろんむずかしい顔をして、虚空を睨《にら》んでいてもなにも心に浮かんでこない。古代の哲人たちは哲学を学ぶためにさまざまな道を示してくれている。かつて哲人たちが歩んだ道を歩んでいくのは、それに関する情報をあたえてくれる大学の哲学教師たちではない。むしろ、これを学ぼうという意志のある人自身なのである。

あとがき

大学で西洋の古代哲学を教えていた頃、ヘレニズム時代以降の哲学を扱うのによく困った。それまで学んでいたプラトンやアリストテレスに比べて、この時代の哲学は折衷的な傾向が強かったし、議論の展開があまり厳密だと思われなかったからである。恩師の藤澤令夫先生もアリストテレス以後の哲学については、あまり語らなかったと思う。そんな私がエピクテトスに関して短い論説やストア哲学に関係した書物を書き、おまけにエピクテトスの翻訳まで出した。この度も、ストア派の哲人たちについて書く機会に恵まれたが、若い時にはまったく想像もしなかったことだ。その中で、ストア哲学のもつ魅力に気づくことにもなった。このようなめぐり合わせになったことに心から感謝したいと思う。

本書ではストア派の論理学や自然学についてはほとんどと言ってよいほど言及していない。むしろ、ローマのストア派を中心に、彼らの倫理思想とそれに関連する諸問題を扱っている。「人生談義」の表題をつけたのはそのためである。

本書の刊行にあたっては、企画から編集に至るまで岩波書店の杉田守康氏に、校正の段階で小林寧子さんにずいぶんお世話になった。この場を借りて深く御礼申し上げます。

参考文献一覧

本書に登場する古典文献や近代の研究書について紹介しておきたい。古典文献の引用は、既訳に従わず、筆者自身の訳によるものである。ただし、エピクテトスとマルクス・アウレリウスに関しては、次の既刊書からそのまま引用し、読者の便宜を考慮して、［ ］でくくり邦訳の頁数を併記した。

エピクテトス『人生談義』上・下、國方栄二訳、岩波文庫、二〇二〇〜二〇二一年（上巻に『語録』第一・二巻、下巻に『語録』第三・四巻、断片、『要録』を収録）。

マルクス・アウレリウス『自省録』神谷美恵子訳、岩波文庫、初版一九五六年。改版二〇〇七年（兼利琢也氏によって全面的に改訂されており、読みやすくなっている。同書からの引用は、この改版に基づく）。

古典文献

アリストテレス『政治学』（『アリストテレス全集』17）神崎繁他訳、岩波書店、二〇一八年。

アリストテレス『政治学』牛田徳子訳、西洋古典叢書、京都大学学術出版会、二〇〇一年。

アリストテレス『ニコマコス倫理学』全二冊、渡辺邦夫・立花幸司訳、光文社古典新訳文庫、二〇一五・

二〇一六年。

アリストテレス『ニコマコス倫理学』(『アリストテレス全集』15)神崎繁訳、岩波書店、二〇一四年。

アリストテレス『ニコマコス倫理学』朴一功訳、西洋古典叢書、京都大学学術出版会、二〇〇二年。

アリストテレス『著作断片集』(『アリストテレス全集』19・20)國方栄二訳、岩波書店、二〇一四・二〇一八年(失われた対話篇『エウデモス』『政治家』の断片訳を含む)。

イソップ『イソップ寓話集』中務哲郎訳、岩波文庫、一九九九年。

エウリピデス『悲劇全集』全五巻、丹下和彦訳、西洋古典叢書、京都大学学術出版会、二〇一二～二〇一六年。

エピクテトス『語録　要録』(抄訳)、鹿野治助訳、中公クラシックス、中央公論新社、二〇一七年。

エピクテトス『人生談義』全二冊、鹿野治助訳、岩波文庫、一九五八年。

エピクロス『エピクロス——教説と手紙』出隆・岩崎允胤訳、岩波文庫、一九五九年。

ガレノス『ヒッポクラテスとプラトンの学説』第一分冊、内山勝利・木原志乃訳、西洋古典叢書、京都大学学術出版会、二〇〇五年。

『ギリシア悲劇全集』全一三巻・別巻一、岩波書店、一九九〇～一九九三年(アイスキュロス、ソポクレス、エウリピデスの三大悲劇作家、その他の悲劇作家の作品を収める)。

セネカ『倫理論集』全二巻(『セネカ哲学全集』1・2)兼利琢也他訳、岩波書店、二〇〇五・二〇〇六年。

セネカ『倫理書簡集』全二巻(『セネカ哲学全集』5・6)高橋宏幸・大芝芳弘訳、岩波書店、二〇〇五・

二〇〇六年。

セネカ『自然論集』全二巻(『セネカ哲学全集』3・4)土屋睦廣他訳、岩波書店、二〇〇五・二〇〇六年。

セネカ『道徳論集(全)』茂手木元蔵訳、東海大学出版会、一九八九年。

セネカ『道徳書簡集(全)』茂手木元蔵訳、東海大学出版会、一九九二年。

セネカ『自然研究(全)』茂手木元蔵訳、東海大学出版会、一九九三年。

セネカ『怒りについて 他二篇』兼利琢也訳、岩波文庫、二〇〇八年。

セネカ『生の短さについて 他二篇』大西英文訳、岩波文庫、二〇一〇年。

セネカ『生の短さについて 他二篇』中澤務訳、光文社古典新訳文庫、二〇一七年。

セネカ『悲劇集』全二冊、小川正廣他訳、西洋古典叢書、京都大学学術出版会、一九九七年。

ゼノン/クリュシッポス他『初期ストア派断片集』全五冊、中川純男他訳、西洋古典叢書、京都大学学術出版会、二〇〇〇〜二〇〇六年(原書は三巻に分かれ、ローマ数字の巻数と断片番号を記すことが慣例になっている。H. von Arnim, *Stoicorum Veterum Fragmenta*, 3 vols., Stuttgart, I 1905, II 1903, III 1903)。

ディオゲネス・ラエルティオス『ギリシア哲学者列伝』全三冊、加来彰俊訳、岩波文庫、一九八四〜一九九四年。

テオグニス他『エレゲイア詩集』西村賀子訳、西洋古典叢書、京都大学学術出版会、二〇一五年。

デモクリトス断片(内山勝利編『ソクラテス以前哲学者断片集』第Ⅳ分冊、岩波書店、一九九八年所収)。

プルタルコス『英雄伝』全六冊、柳沼重剛・城江良和訳、西洋古典叢書、京都大学学術出版会、二〇〇七

〜二〇二一年（『コリオラヌス伝』は第二分冊所収）。

プルタルコス『モラリア』全一四冊、瀬口昌久他訳、西洋古典叢書、京都大学学術出版会、一九九七〜二〇一八年（ストア派やエピクロス派に関連するものは、第一三・一四分冊に所収）。

ヘシオドス『全作品』中務哲郎訳、西洋古典叢書、京都大学学術出版会、二〇一三年。

ヘロドトス『歴史』全三冊、松平千秋訳、岩波文庫、一九七一〜一九七二年。

マルクス・アウレリウス『自省録』（世界の名著）、鈴木照雄訳、中央公論社、一九六八年。講談社学術文庫、二〇〇六年。

マルクス・アウレリウス『自省録』水地宗明訳、西洋古典叢書、京都大学学術出版会、一九九八年。

ルキアノス『食客』丹下和彦訳、西洋古典叢書、京都大学学術出版会、二〇一四年（作品『カロン』を収録）。

ルクレティウス『事物の本性について――宇宙論』藤沢令夫・岩田義一訳（『ウェルギリウス／ルクレティウス』世界古典文学全集、筑摩書房、一九六五年所収）。

ストア哲学・エピクロス哲学の入門書

（全般的なもの）


内山勝利責任編集『哲学の歴史２　帝国と賢者』中央公論新社、二〇〇七年。

ロング、A・A『ヘレニズム哲学――ストア派、エピクロス派、懐疑派』金山弥平訳、京都大学学術出版

会、二〇〇三年（A. A. Long, *Hellenistic Philosophy: Stoics, Epicureans, Sceptics*, 2nd edition, London, Berkeley, Los Angeles, 1986, [1st edition, 1974]）。

（ストア哲学）

アーヴァイン、ウィリアム・B『良き人生について——ローマの哲人に学ぶ生き方の知恵』竹内和世訳、白揚社、二〇一三年（W. B. Irvine, *A Guide to the Good Life: the Ancient Art of Stoic Joy*, Oxford, 2009）。

國方栄二『ストア派の哲人たち——セネカ、エピクテトス、マルクス・アウレリウス』中央公論新社、二〇一九年。

グリナ、ジャン＝バティスト『ストア派』川本愛訳、文庫クセジュ、白水社、二〇二〇年（J. -B. Gourinat, *Le Stoïcisme*, Collection Que sais-je? 770, Paris, 2017）。

（セネカ）

角田幸彦『セネカ』（人と思想）、清水書院、二〇〇六年。

ロム、ジェイムズ『セネカ　哲学する政治家——ネロ帝宮廷の日々』志内一興訳、白水社、二〇一六年（J. Romm, *Dying Every Day: Seneca at the Court of Nero*, New York, 2014）。

（エピクテトス）

荻野弘之著、かおり&ゆかり漫画『奴隷の哲学者エピクテトス——人生の授業』ダイヤモンド社、二〇一九年。

鹿野治助『エピクテートス——ストア哲学入門』岩波新書、一九七七年。

ヒルティ『幸福論(第一部)』草間平作訳、岩波文庫、改版一九六一年。

山本貴光・吉川浩満『その悩み、エピクテトスなら、こう言うね。——古代ローマの大賢人の教え』筑摩書房、二〇二〇年。


(マルクス・アウレリウス)

荻野弘之『マルクス・アウレリウス『自省録』——精神の城塞』(書物誕生——あたらしい古典入門)、岩波書店、二〇〇九年。

岸見一郎『マルクス・アウレリウス『自省録』』NHK出版編、日本放送協会、二〇一九年。

水地宗明『注解マルクス・アウレリウス『自省録』』法律文化社、一九九〇年。


(エピクロス)

堀田彰『エピクロスとストア』(人と思想)、清水書院、一九八九年。


(ルクレティウス)

小池澄夫・瀬口昌久『ルクレティウス『事物の本性について』——愉しや、嵐の海に』(書物誕生——あたらしい古典入門)、岩波書店、二〇二〇年。

その他
廣川洋一『キケロ『ホルテンシウス』——断片訳と構成案』岩波書店、二〇一六年。
三木清『人生論ノート』(『三木清著作集』第一六巻、岩波書店、一九五一年所収)。

和辻哲郎「面とペルソナ」(『和辻哲郎全集』第一七巻、岩波書店、一九六三年所収)。

欧文文献

Arendt, H., *Between Past and Future: Eight Exercises in Political Thought*, New York, 1961.(『過去と未来の間——政治思想への八試論』引田隆也・齋藤純一訳、みすず書房、一九九四年)

Arendt, H., *The Life of the Mind: Two, Willing*, New York, 1978.(『精神の生活(下)——第二部　意志』佐藤和夫訳、岩波書店、一九九五年)

Armstrong, D. & M. McOsker, *Philodemus, On Anger*, Atlanta, 2020.

Burnet, J., *Early Greek Philosophy*, 4th edition, London, 1930.

Cooper, J. M., *Reason and Human Good in Aristotle*, Cambridge, Mass. and London, 1986.

Descartes, R., *Discours de La Méthode & Essais*, Ch. Adam & P. Tannery eds., VI, Paris, 1973.

Dobbin, R., "*προαίρεσις* in Epictetus", *Ancient Philosophy*, 11, 1991.

Durkheim, É., *Le Suicide: Étude de Sociologie*, Paris, 1897.

Fontaine, N., "Entretien de Pascal avec Saci sur Épictète et Montaigne", in *Mémoires pour servir à l'histoire de Port-Royal par M. Fontaine*, 1736(1728).

Guthrie, W. K. C., *In the Beginning: Some Greek Views on the Origins of Life and the Early State of Man*, Ithaca & New York, 1957.

Hadot, P., *La Citadelle intérieure: Introduction aux Pensées de Marc Aurèle*, Paris, 1992.

Irwin, T. H., Book Review of The Fragility of Goodness by Martha Nussbaum, *The Journal of Philosophy*, 1988.

James, W., *Human Immortality: Two Supposed Objections to the Doctrine*, Boston & New York, 1898.（『哲学の諸問題』上山春平訳，日本教文社，一九六一年）

Kahn, C. H., "Discovering the Will: From Aristotle to Augustine", in J. Dillon & A. A. Long eds., *The Question of 'Eclecticism': Studies in Later Greek Philosophy*, Berkeley, 1988.

Kant, I., *Grundlegung zur Metaphysik der Sitten*, Kants Werke Akademie-Textausgabe IV, 1968.

Kant, I., *Kritik der praktischen Vernunft*, Kants Werke Akademie-Textausgabe V, 1971.

Kant, I., *Kritik der reinen Vernunft*, Kants Werke Akademie-Textausgabe III, 1968.

Menzer, P., *Eine Vorlesung Kants über Ethik*, Heise, 1924.

Nussbaum, M., *The Fragility of Goodness: Luck and Ethics in Greek Tragedy and Philosophy*, Cambridge, 1986.

Pascal, B., *Pensées de Pascal*, texte de l'édition par L. Brunschvicg, Paris, 1925.

Rist, J. M., *Stoic Philosophy*, Cambridge, 1969.

Schenkl, H., *Epicteti Dissertationes ab Arriano Digestae*, editio major, Leipzig, 1894.

Schopenhauer, A., *Parerga und Paralipomena: Kleinere Philosophische Schriften*, Zürich, 1988.（小品 "Über den Selbstmord"（自殺について）を含む）

Smith, M. F., *The Epicurean Inscription*, Bibliopolis, 1994.（オイノアンダのディオゲネスの碑文断片を含む）

図版出典一覧

巻頭地図　前田茂実氏作図
序　章　Musée du Louvre
第一章　高野義郎氏撮影
第二章　Walters Art Museum
第三章　Museo Nazionale Romano（Terme di Diocleziano）
第四章　British Museum
第五章　Museo Archeologico Nazionale（Naples）
第六章　Musée du Louvre　Alamy Stock Photo/amanaimages
終　章　A. Savérien, *Histoire des philosophes anciens, jusqu'à la renaissance des lettres*, t. 4, 1772.

國方栄二

1952年，大阪府生まれ
1985年，京都大学大学院文学研究科博士課程単位取得満期退学，文学博士(京都大学)
専攻ー古代ギリシア哲学
著書ー『ストア派の哲人たち』(中央公論新社)，『ギリシア・ローマの智恵』(未知谷)，『プラトンのミュートス』(京都大学学術出版会)，『プラトンを学ぶ人のために』(共著，世界思想社)，『新プラトン主義を学ぶ人のために』(共著，世界思想社) ほか
訳書ーエピクテトス『人生談義』上・下(岩波文庫)，アリストテレス『著作断片集』(アリストテレス全集 19・20，岩波書店)，『ソクラテス以前哲学者断片集』(第 I 分冊〜第 III 分冊，共訳，岩波書店)，アルビノス他『プラトン哲学入門』(共訳，京都大学学術出版会) ほか

哲人たちの人生談義
ストア哲学をよむ

岩波新書(新赤版)1935

2022年7月20日　第1刷発行

著　者　國方栄二《くにかたえいじ》

発行者　坂本政謙

発行所　株式会社 岩波書店
〒101-8002 東京都千代田区一ツ橋 2-5-5
案内 03-5210-4000　営業部 03-5210-4111
https://www.iwanami.co.jp/

新書編集部 03-5210-4054
https://www.iwanami.co.jp/sin/

印刷・三陽社　カバー・半七印刷　製本・中永製本

ISBN 978-4-00-431935-1　Printed in Japan

岩波新書新赤版一〇〇〇点に際して

ひとつの時代が終わったと言われて久しい。だが、その先にいかなる時代を展望するのか、私たちはその輪郭すら描きえていない。二〇世紀から持ち越した課題の多くは、未だ解決の緒を見つけることのできないままであり、二一世紀が新たに招きよせた問題も少なくない。グローバル資本主義の浸透、憎悪の連鎖、暴力の応酬――世界は混沌として深い不安の只中にある。

現代社会においては変化が常態となり、速さと新しさに絶対的な価値が与えられた。消費社会の深化と情報技術の革命は、種々の境界を無くし、人々の生活やコミュニケーションの様式を根底から変容させてきた。ライフスタイルは多様化し、一面では個人の生き方をそれぞれが選びとる時代が始まっている。同時に、新たな格差が生まれ、様々な次元での亀裂や分断が深まっている。社会や歴史に対する意識が揺らぎ、普遍的な理念に対する根本的な懐疑や、現実を変えることへの無力感がひそかに根を張りつつある。そして生きることに誰もが困難を覚える時代が到来している。

しかし、日常生活のそれぞれの場で、自由と民主主義を獲得し実践することを通じて、私たち自身がそうした閉塞を乗り超え、希望の時代の幕開けを告げてゆくことは不可能ではあるまい。そのために、いま求められていること――それは、個と個の間で開かれた対話を積み重ねながら、人間らしく生きることの条件について一人ひとりが粘り強く思考することではないか。その営みの糧となるものが、教養に外ならないと私たちは考える。歴史とは何か、よく生きるとはいかなることか、世界そして人間はどこへ向かうべきなのか――こうした根源的な問いとの格闘が、文化と知の厚みを作り出し、個人と社会を支える基盤としての教養となった。まさにそのような教養への道案内こそ、岩波新書が創刊以来、追求してきたことである。

岩波新書は、日中戦争下の一九三八年一一月に赤版として創刊された。創刊の辞は、道義の精神に則らない日本の行動を憂慮し、批判的精神と良心的行動の欠如を戒めつつ、現代人の現代的教養を刊行の目的とする、と謳っている。以後、青版、黄版、新赤版と装いを改めながら、合計二五〇〇点余りを世に問うてきた。そして、いままた新赤版が一〇〇〇点を迎えたのを機に、人間の理性と良心への信頼を再確認し、それに裏打ちされた文化を培っていく決意を込めて、新しい装丁のもとに再出発したいと思う。一冊一冊から吹き出す新風が一人でも多くの読者の許に届くこと、そして希望ある時代への想像力を豊かにかき立てることを切に願う。

（二〇〇六年四月）

岩波新書より

哲学・思想

死者と霊性　末木文美士編
道教思想10講　神塚淑子
マックス・ヴェーバー　今野元
新実存主義　マルクス・ガブリエル　廣瀬覚訳
日本思想史　末木文美士
ミシェル・フーコー　慎改康之
ヴァルター・ベンヤミン　柿木伸之
モンテーニュ 人生を旅するための7章　宮下志朗
マキァヴェッリ　鹿子生浩輝
世界史の実験　柄谷行人
ルイ・アルチュセール　市田良彦
異端の時代　森本あんり
ジョン・ロック　加藤節
インド哲学10講　赤松明彦
マルクス 資本論の哲学　熊野純彦
日本文化をよむ 5つのキーワード　藤田正勝

中国近代の思想文化史　坂元ひろ子
憲法の無意識　柄谷行人
ホッブズ リヴァイアサンの哲学者　田中浩
プラトンとの哲学 対話篇をよむ　納富信留
〈運ぶヒト〉の人類学　川田順造
哲学の使い方　鷲田清一
ヘーゲルとその時代　権左武志
人類哲学序説　梅原猛
加藤周一　海老坂武
哲学のヒント　藤田正勝
空海と日本思想◆　篠原資明
論語入門　井波律子
トクヴィル 現代へのまなざし　富永茂樹
和辻哲郎　熊野純彦
現代思想の断層　徳永恂
宮本武蔵　魚住孝至
西田幾多郎　藤田正勝
丸山眞男　苅部直

西洋哲学史 近代から現代へ　熊野純彦
西洋哲学史 古代から中世へ　熊野純彦
世界共和国へ　柄谷行人
悪について　中島義道
神、この人間的なもの◆　なだいなだ
偶然性と運命　木田元
近代の労働観　今村仁司
プラトンの哲学　藤沢令夫
術語集 II　中村雄二郎
マックス・ヴェーバー入門　山之内靖
ハイデガーの思想　木田元
臨床の知とは何か　中村雄二郎
新哲学入門　廣松渉
「文明論之概略」を読む 上・中・下　丸山真男
術語集　中村雄二郎
死の思索　松浪信三郎
戦後思想を考える◆　日高六郎
イスラーム哲学の原像　井筒俊彦

(2021.10)　◆は品切，電子書籍版あり．　(J1)

岩波新書より

宗教

最澄と徳一 仏教史上最大の対決	師 茂樹
ブッダが説いた幸せな生き方	今枝由郎
ヒンドゥー教10講	赤松明彦
東アジア仏教史	石井公成
ユダヤ人とユダヤ教	市川 裕
初期仏教 ブッダの思想をたどる	馬場紀寿
内村鑑三 悲しみの使徒	若松英輔
トマス・アクィナス 理性と神秘	山本芳久
アウグスティヌス 「心」の哲学者	出村和彦
パウロ 十字架の使徒	青野太潮
弘法大師空海と出会う	川﨑一洋
高野山	松長有慶
マルティン・ルター	徳善義和
教科書の中の宗教	藤原聖子
『教行信証』を読む 親鸞の世界へ	山折哲雄
国家神道と日本人	島薗 進
聖書の読み方	大貫 隆
親鸞をよむ◆	山折哲雄
日本宗教史	末木文美士
法華経入門	菅野博史
中世神話	山本ひろ子
イスラム教入門	中村廣治郎
ジャンヌ・ダルクと蓮如	大谷暢順
蓮如	五木寛之
キリスト教と笑い	宮田光雄
密教	松長有慶
仏教入門	三枝充悳
モーセ	浅野順一
日本の新興宗教	高木宏夫
イスラーム(回教)	蒲生礼一
背教者の系譜	武田清子
聖書入門	小塩 力
イエスとその時代	荒井 献
慰霊と招魂	村上重良
国家神道	村上重良
お経の話	渡辺照宏
死後の世界	渡辺照宏
日本の仏教	渡辺照宏
仏教〔第二版〕	渡辺照宏
禅と日本文化	鈴木大拙 北川桃雄訳

◆は品切，電子書籍版あり．

岩波新書より

世界史

スペイン史10講　立石博高
ヒトラー　芝健介
ユーゴスラヴィア現代史〔新版〕　柴宜弘
東南アジア史10講　古田元夫
チャリティの帝国　金澤周作
太平天国　菊池秀明
ドイツ統一　アンドレアス・レダー　板橋拓己訳
人口の中国史　上田信
カエサル　小池和子
世界遺産　中村俊介
奴隷船の世界史　布留川正博
独ソ戦 絶滅戦争の惨禍　大木毅
イタリア史10講　北村暁夫
フランス現代史　小田中直樹
移民国家アメリカの歴史　貴堂嘉之
フィレンツェ　池上俊一

マーティン・ルーサー・キング　黒﨑真
ナポレオン　杉本淑彦
ガンディー 平和を紡ぐ人　竹中千春
イギリス現代史　長谷川貴彦
ロシア革命 破局の8か月　池田嘉郎
天下と天朝の中国史　檀上寛
孫文　深町英夫
古代東アジアの女帝　入江曜子
新・韓国現代史　文京洙
ガリレオ裁判　田中一郎
人間・始皇帝　鶴間和幸
袁世凱　岡本隆司
二〇世紀の歴史　木畑洋一
イギリス史10講　近藤和彦
植民地朝鮮と日本　趙景達
シルクロードの古代都市　加藤九祚
中華人民共和国史〔新版〕　天児慧
物語 朝鮮王朝の滅亡◆　金重明

新・ローマ帝国衰亡史　南川高志
近代朝鮮と日本　趙景達
マヤ文明　青山和夫
北朝鮮現代史◆　和田春樹
四字熟語の中国史　冨谷至
李鴻章　岡本隆司
新しい世界史へ　羽田正
パル判事　中里成章
グランドツアー 18世紀イタリアへの旅　岡田温司
マルコムX　荒このみ
パリ 都市統治の近代　喜安朗
ノモンハン戦争 モンゴルと満洲国　田中克彦
中国という世界　竹内実
ウィーン 都市の近代　田口晃
紫禁城　入江曜子
ジャガイモのきた道　山本紀夫
北京　春名徹
創氏改名　水野直樹